ホットで
ほっとな
学級びらき・授業びらき
－知恵とワザをどう仕掛けるか－

前田勝洋著

黎明書房

学級びらき・授業びらきは，年度初めだけではない

「学級びらき・授業びらきは，いつですか？」と聴いたら，「そんな当たり前のことを聴かないでください」と言われそうです。

でも，学級びらき・授業びらきは，新しい年度が始まる4月だけではないのです。

私の勝手な決め事ですが，**「学級びらき・授業びらきは，4月はもちろん，9月にも1月にもあります」**とお答えします。長い休みが終わる9月は，実は青少年の自殺の多いことが統計的に示されています。小学生，中学生も多いのです。それは9月当初が，子どもたちにとって，「重い月」になっているということです。だからこそ4月とは違った意味で，改めて「学級びらき・授業びらき」を，心を込めてする必要があるのですね。1月も同じです。

いやそれだけではないのです。実は毎月の初めには，心新たに「学級びらき・授業びらき」をすることが，子どもたちにとって，「気持ちを切り替えて」「新たな決意で」学校生活を自覚的に送ろうとする覚悟を生み出すのです。

私はそんな決意と思いを込めて，この本を綴ろうとしています。

ところで「ホットでほっとな」とは，どういうことでしょうか。

「ホット」には，熱い思い，厳しさ，ひたむきながんばる気持ち，

熱中する取り組みなどの思いを込めました。

「ほっと」には，安らぐ，癒し，温かみ，いたわり，くつろぎ，ほほえみ，仲間の和などの思いを込めました。

　学級という居場所が，子どもたちが心地よく成長する時と場，歯を食いしばってがんばる時と場を演出するのですね。「学級づくり・授業づくり」が，単なる教師の仕事ということではなく，教師の「心を込めた」「魂の入った」ワールドになってほしいのです。監獄のような教室，冷たく寒々とした学級にしてはなりません。

　さあ，みなさんと一緒になって，どんな学級びらき・授業びらきをしたらいいのか，たのしく真剣に考えていきましょう。

　今回も黎明書房社長武馬久仁裕様，編集部都築康予様には，編集の細部にわたりご指導ご支援をいただきました。ここに深く謝意を申し上げます。ほんとうにありがとうございました。

目　次

Ⅲ　教師は，学級びらき・授業びらきで 学習規律・学びの方法を教える

Ⅳ 「見つけ学習」で 「教育実践の日常化」を図る ─── *75*

V　学級びらき・授業びらきに心したいこと　*89*

I

学級びらき・授業びらきで，めざす子ども，めざす教師

1 「学校はたのしいところであらねばならぬが，歯を食いしばり涙をこらえてがんばるところでもある」に賭ける

　学校は，子どもたちにとって，心地よい緊張感と，やりがいに満ちた時と場を創り出すところでありたいものですね。

　私は，自分が教員をしていた 20 代後半の頃に，「学級づくりをどうやったらいいのか」ととても悩んだ時期があります。

　なんとも落ち着かない学級，暗く重い表情の子どもたち，授業でのやる気のない子どもたちの姿に担任である私自身がヘトヘトになってしまいました。その頃，不登校やいじめの問題が世間を騒がしていました。

　ある時，私は子どもたちに聴きました。「学校はたのしいか？」と。そうしたら，返ってきた答えが「別に……」でした。「なるほどそうかもしれないな，学校はわからないことを勉強するところだから」と私。その時に閃いたことばが，

> 　学校はたのしいところであらねばならぬが，歯を食いしばり涙をこらえてがんばるところでもある。

です。

　学校は子どもたちが通いたくなる「たのしいところ」ということは，常に思っていましたが，それだけでは子どもたちが賢い人間になることはできないと強く思ったのです。

　世間の風潮の中には，「そんなにがんばらなくてもいい」「適当にやればいい」という声も強くありました。でも私は，「やっぱり人が一人前の人間になるには，歯を食いしばり涙をこらえてがんばることが大事

だ」と思ったのです。それは，私の担任する子どもたちの成長に対する「願い」でもあったのですね。

　当時私は中学生の担任をしていました。私は子どもたちに，大きな横紙に図太い墨の筆でこのことばを書き，教室前面に張り出して，訴えたのです。

　「オレは，みんなの味方だ！　教室を明るくたのしいところにしようや。でもそれだけでは，みんなは賢くなれない。歯を食いしばり涙をこらえてこそ，自分だけの命を輝かせることができるんだ！」

　私は大声で叫びながら，子どもたちと一人ひとり握手をしたことを昨日のことのように思い出すのです。

　この「学校はたのしいところであらねばならぬが，歯を食いしばり涙をこらえてがんばるところでもある」は，私がそれからの教師人生の中で，ずっと変わらず言い続けてきたことでした。このことばに私の願いを賭けたのです。荒っぽいやり方ですが，私の心底からの願いでもありました。

2　教室をつくる5つの誓いに「心を込める」

　「学校はたのしいところであらねばならぬが，歯を食いしばり涙をこらえてがんばるところでもある」は，私の口癖になり，保護者の方々にも，担任する子どもたちにも言い続けました。しかし，これだけでは，具体的に「何をどうしたらいいのか」が，見えてこないことに気づきました。

　そんな日々の中で，次第に鮮明になってきたことが，次の5つの誓いでした。

> ○明るいあいさつがいっぱいの教室（教師）
> ○「ありがとう」の飛び交う教室（教師）
> ○みんな「授業というバス」に乗る教室（教師は運転手）
> ○まちがいがこわくない教室（まちがいを生かす教師）
> ○歯を食いしばってがんばる教室（応援する教師）

（　）の中に「教師」を入れましたが，私が強くその頃思ったのは，まずは「明るいあいさつがいっぱいできる教師」になることだということでした。子どもたちに要求する前に，担任教師である自分ができなくて，どうして子どもたちに要求できるんだと。そうでなかったら，「担任として恥ずかしいぞ」と。

担任した教室の前面には，下手くそな字でしたが，「5つの誓い」として書いて掲示しました。まずは担任である自分がしなくてはと誓いながら。それは小学校に異動して子どもたちを担任した時も同じでした。

そんな中で，一つひとつの誓いのことばについて，もっと具体的に「何をどうやればいいか」考えるようになりました。それを今ここに書き出してみますと次のようになっていきました。

○明るいあいさつがいっぱいの教室（教師）
　・「おはようございます」とおじぎをして
　・「さん，君」をつけて名前を呼ぶ
　・「うなずき」をいつも心がける

○「ありがとう」の飛び交う教室（教師）
　・「ありがとう」を一日 100 回言おう

・気になる子どもにこそ声かけを

・掲示物に「ありがとう」の精神を表現する

・教室が競争主義になっていないか，見直す

○みんな「授業というバス」に乗る教室（教師は運転手）

・学習規律をていねいに指導する

・本時の学習課題が明確であること

・できない，やれない子どもに，参加するチャンスがある

・「できた，やれた」よりも，「しようとした」ことを評価する

○まちがいがこわくない教室（まちがいを生かす教師）

・まちがいを決して笑わない

・「つまずきこそ勉強のタネだ」と意図する取り組み

○歯を食いしばってがんばる教室（応援する教師）

・「ここががんばりどころだ」と一緒に励む

・真剣さを出す勇気を育てる

・決してあきらめない

・「信じているよ」と言える

　読んでいただけばわかるように，「何をどうやればいいか」は，すべて「教師自身のやるべきこと」なのですね。子どもに要求する前に，自分（教師）がまずは率先して取り組むことをとくに意識したのです。

　こうしてやるべきことが，少しずつ明確になってくると，私も担任教師として，軸のぶれない言動が少しずつできるようになっていきました。それは，自分が教頭職になったり校長職になったりしても，変わること

なく，担任の先生方と一緒になって取り組みました。

3　担任教師は授業でどう振る舞うことが大切か

　私は退職してからも，あちらこちらの学校へ行って，先生方と授業の勉強会を行っています。学級びらき・授業びらきの話をする前に，「そもそも教師は担任している子どもたちとどういう態度で向き合えばいいのか」を考えたいと思います。

　かつて，訪問していた学校で小学3年生の算数の授業を参観しました。それは掛け算の繰上りの計算問題をやる授業でした。

　授業者の先生は，3つの問題を黒板に書いて「5分でやってみてください」と言いました。やがてベルタイマーが鳴り，先生は，「さあどうだろうか。やれたかな」と挙手を求めました。

　そうしたら，6名の子どもが挙手したのです。その先生は，大きな声でやや怒ったように，「**なんだ！　たったこれだけか！**」と言ったのですね。

　その先生の怒ったような怒鳴るような声が，教室中に響き渡りました。そうしたら，6名の子どものうち，2人の子どもが手を下ろしてしまったのです。

　「こんな簡単な問題がわからんのか！」先生の怒鳴るような声に，子どもたちは下を向いて，教室はシーンとして重く辛い空気になりました。

　その後の授業は私も見ていられないような気持ちになり，その教室から失礼したくなりました。

　また別の学校で同じような場面の授業を参観しました。今度は年輩の

女性の先生です。

> 　やはり問題をやった後，挙手を求めました。
>
> 　そうしたら，8名の子どもが挙手したのですね。その時，その女性の先生は，「**ありがとう。うれしいなあ。みんながんばろうとしていることで私までわくわくしてきた**」と言ったのです。
>
> 　そうしたら，8名の子どもに加えて4名の子どもが周りをうかがいながら，挙手しました。
>
> 　先生は「すごーい，がんばってくれてありがとう」とニコニコしながら，子どもたちを見まわしています。
>
> 　さらに数名の子どもが挙手して，ほんとうにみんなが真剣な明るい表情で，授業をしようとしているではありませんか。授業者の先生も笑顔です。ほんとうにうれしそうです。

　私は，この2つの教室の授業風景を見て，一番違うのは，「子どもとかかわる先生の態度だ」と強く思いました。初めに紹介した男の先生は，子どもたちを叱咤激励しているのかもしれませんが，先生の声に子どもたちは萎縮して，顔をしかめ，うつむいてしまうのです。

　それに対して，あとの授業の女性の先生は，子どもたちに「がんばっているね」「ありがとう」「私までわくわくしてきた」などと，子どもたちに「ありがとう」というアイメッセージ（教師である「私」の心を込めたメッセージ）のシャワーを降り注いでいました。だから，子どもたちも，「自分もがんばろうかな」「間違ってもいいから，手を挙げよう」と積極的に授業に参加していきました。

　担任の先生方が，たとえいいアイデアで，子どもたちをやる気にさせよう，がんばらせようと思っていても，前者のような先生のやり方では，子どもたちの学習意欲は萎んでしまいます。上から目線で強引な教師の

言動には，子どもたちは怯えてしまいます。私は，どうか，そんな先生にはならないでほしい，と心からお願いしたいです。

> 「ありがとう，がんばってくれてうれしいよ」というアイメッセージのシャワーを子どもたちに降り注ぐことを「演じる」担任の先生になってほしいと切に思います。

4　教師は「演ずる叱り方」をする

「ありがとうのアイメッセージのシャワーを降り注ぎたい」と思いつつも，子どもたちが素直に向き合ってくれなかったり，ふざけていたりして，授業や活動に真剣に取り組まないことも多々ありますね。

そんな時，心を痛めつつも，子どもたちを「叱る」こともまた大切なことです。

> ここでも大切にしたいことは，教師は冷静な**「演ずる叱り方」**を意識して行うことです。

中学校の2年生を担任している先生が，あまりに子どもたちがふざけていて，授業にならないことに堪忍袋の緒が切れて，「そんなやる気のない奴は教室から出て行け！」とつい感情的になって言ってしまったのです。そうしたら，子どもたちが「ああ，出て行けばいいんだろ！」とカバンを持ってさっさと教室から飛び出して行ってしまったのでした。

これには担任の先生もあわててしまいました。まさか出て行くとは思っていなかったのですね。あとで学年の先生方と大騒ぎになって探す羽目になってしまったのでした。

私たちは，「感情的な叱り方」をしてはならないと肝に銘じなくてはなりません。

　もう一度言います。「**演ずる叱り方**」をするのです。例をあげましょう。

○子どもたちを信頼したいがために叱る。先生は「みんなを信じているから叱るのだ」と演じ，諭す。
○教師の願いを伝えるために叱る。「残念だ！」「悔しい」「そんなみんな（君たちに）になってほしくない」と心を込めて真剣に演ずる。
○子どもたち全体に向けて，ひざまずいて叱る。「たのむから俺を悲しませないでくれ」と演ずる。
○気合を入れるために叱る。「あとひとふんばりだ！」「汗を流せ！歯を食いしばれ！」と懸命に演ずる。

　大勢の子どもたちを叱ることについては，以上のようなやり方に，教師の熱い思いを込めて行いたいものです。しかし，ひとりの子どもを叱る場合もあります。その場合，

できるだけ教室全員の前で叱ることを避けること

です。
　授業後，休み時間，家庭訪問，個室での面談的な時と場を整えて，「その子どもの悩みや不満，思いをしっかり聴く中で諭す」手法をとるようにしたいものです。教室で学級の全員がいる中で，「つるし上げ」的な叱り方は，ご法度です。こんな禍根を残し，あとに尾を引く叱り方は，叱られた子どもが素直になれません。

個室で，カウンセラー的な姿勢で，相談タイムにするような教師の冷静な対応

が求められます。

17

一度や二度で良好な関係を求めすぎないことです。子どもの中の，鬱屈した冷たく頑（かたくな）な心を溶かすには，息の長い取り組みを覚悟することです。

　さらに念押しのために付け加えるならば，

○エコひいき的な叱り方をしない。
○努めて感情が先にならないように心を戒める。
○核になってほしい子どもには，信頼のきずなを深める「期待感のある叱り方」をする。
○共感的な尊厳を持って叱ることを演じる。

　そして，何度も何度も言うようですが，**言葉の暴力にならないこと**を肝に銘じて対応しましょう。もちろん体罰はご法度です！

Ⅱ

学級びらき・授業びらきは，「教師主導」で行ってこそ，子どもは育つ

「教師主導」で学級や授業びらきを行うなどと言えば，「いや子ども主導であってこその教育でなければ」という声が聴こえてきそうです。

　私もそう思っていた時期がありました。しかし，「子ども主導」でやってみると，それでは学級づくりが成り立たない，授業づくりが成立しないことが身に染みて感じられることと思います。

　子どもたち一人ひとりの思いや主張が一致をみることは，なかなかありません。ボス的な子どもが学級を仕切る光景を参観したこともありますが，それはどう見ても，「教師の使命や仕事を放棄した姿」でしかないと私は考えています。

　全国的にも知られた教育実践校に行くと，公開授業を「子どもたちの手で進めている光景」に出会うことがあります。ボランティア活動なども，一見すると子どもがリードしているように見える場に出くわすことがあります。

　しかし，それはどんなに子ども主導でやっているように見えても，その裏で，事前に教師の願いや仕掛けがきめ細かく配慮されているのです。さも「子どもたちが率先して動いている」かのような光景であっても，それを演出している教師が厳然といるのですね。それは，だからダメだということではありません。

　子どもたちは，教師の願いや意図を理解して，それに対して，その子どもなりのアイデアを出しているのです。教師の願いや意図を受けて，子どもたちが知恵を出し合い，仕掛けた教師でさえ，予想だにしなかった知恵やワザを出していることは，その教師の力量です。子どもたちの取り組みを信頼して温かく見守る優れた知恵とワザをその教師が持っている，そして仕掛けているということです。

　私たちもそんな教師に近づくべく，精進したいものです。いや精進し

なければなりません。

　ここでは，そんな学級びらき・授業びらきのきっかけやヒントになることについて，書き出してみたいと思います。

1　学級びらき・授業びらきで取り組みたいこと

(1)　級訓をつくる

　どこの教室に行っても，教室の前面の高いところに級訓が掲げられていますね。「太陽」「ひまわり」「仲間の輪（子どもたちの顔写真を掲示）」「向上心」などなど，それぞれの担任の思いを実現するべく掲げられています。

　級訓は，担任教師が率先して作成して掲示する場合もあります。級訓は，船長である担任教師の羅針盤でもあります。

　こうしてみんなと出会ったのは，まったく偶然のことです。そんなみんなとの偶然の出会いを充実した日々にしたいなと私は担任として強く思っています。

　みんなに幸せになってほしい。みんなに賢くなってほしい。みんなが元気で無事に過ごせる１年になってほしい。そんな思いを持ちながら，私はワクワクするような気持ちで，今日の日を迎えました。

　私は山登りが大好きです。山登りはいつものことだけど，とても苦しいもの。汗を一杯かきながら，心臓がバクバク言っても，歯を食いしばって登るのは，あの山の頂上に立った時の爽快感，見渡す景色のすばらしさに毎回毎回感動するからです。

　この１年，みんなとはいろいろなたのしいこともたくさん経験したい。苦しいこともあるだろうけれど，山の頂上に立った時の爽

> 快感をみんなで味わいたい。だから，級訓を『山登り』にしたいと
> 思うけれど，いいだろうか（拍手）。
> 　ありがとう。うれしいなあ。

　とまあ，こんなふうにして，まず担任する子どもたちとの一体感を級
訓に象徴させていくのですね。その教室の中で，たのしい時や感激する
ような時はもちろんのこと，苦しい時や辛い時にも，実質的に支えにな
ってくれる級訓に担任教師の「願い」を込めるのです。

　ところで級訓をつくることに，担任教師の熱い思いを込めて作成して
もいいですが，子どもたちに「どんな級訓にしたらいいか」を考えさせ
て，作成する場合もありますね。「どんな学級にしたいか」「何を目標に
してこの1年を過ごそうか」などと担任教師の働きかけで，子どもた
ちのアイデアを募るのですね。このやり方も大事なやり方です。まずは，
学級の結束を図る「はじめの大仕事」にするのです。
　しかし，私のよく見る光景の中に，級訓をつくった時の「熱い思い」
がほんとうに持続しているか，担任も子どもたちも級訓をつくった時の
「熱い思い」を忘れてしまっているのではないかと思えるような学級に
出会うこともあります。

　そこで，「**級訓を変える**」取り組みを9月や1月，いや，時を構わず
行うことは大事な大事な学級活性化のための取り組みでもあります。
　級訓を変えることは，学級がマンネリ化してきたり，仲間意識が弱く
なって，子どもたちが注意散漫になったりした時に，担任教師が「仕掛
けていく」大事な取り組みになるのですね。子どもたちを目覚めさせて
いく担任教師の仕掛けです。
　こうして，子どもたちにことあるごとに学級を意識化させながら，長

丁場の1年を乗り切っていくことが大事な取り組みになります。

(2)　子どもたちに自分の目標づくりを

級訓が学級の目標であるならば，一人ひとりの子どもたちにも「この1年に賭ける目標（やりとげたいこと，心がけたいこと）」を書かせることが，大事な取り組みになります。これは原稿用紙に書かせる場合もありますし，短冊に書いて教室の背面に掲示する場合もあります。いずれにしても，新年度の出発にあたり，その子なりの「自覚と決意」をはっきりと持たせたいものです。

> 　私ははずかしがりやなので，どうしてもおくびょうになってしまって，あとでこうかいすることがとても多いのです。だから，今年は，『はずかしがりやからの脱皮』を目標にしていきたいです。
> 　先生も応援してください。みんなも私の弱虫退治を応援してください。よろしくお願いします。

これは，ある学級を私が担任した時の子どもが書いたものです。私は，そんな彼女に「みんなの前で私のお願いを『よろしくお願いします』と言ったらどうかな」と促しました。彼女は恥ずかしいようでしたが，「私のはずかしがりやからの脱皮の初めの一歩ですから，がんばってやります」と言って，みんなに言いました。

みんなは大きな拍手をして，笑顔のシャワーを浴びせてくれたのです。そんなこともあって，その年の学級では，みんなが，みんなの前で「自分の目標を宣言」することをしたのでした。

この「自分の目標」も一年中同じものであると，中だるみをしたり，マンネリ化したり，忘れてしまったりすることが多々ありました。そんなこともあって，9月や1月，あるいは毎月の初めなどに，改めて「自

分の目標の見直し」に取り組ませることもよくありました。

　人間そんなに息長く継続してがんばれるものではありません。そんなこともあって，「見直し，つくり直して新たな自分の目標づくり」をしていくことが，子どもたちに新鮮な取り組みを生み出させることになっていくのですね。

(3) 「誓いのことば」を決めよう

　私の学級では，毎朝，始業のチャイムがなると，学級全員の子どもが起立して，教室に掲げられた「誓いのことば」を大きな声で唱和していました。

　誓いのことばは前にも記した

○明るいあいさつがいっぱいの教室にしよう
○「ありがとう」が飛び交う教室にしよう
○みんな「授業というバス」に乗る教室にしよう
○まちがいがこわくない教室にしよう
○歯を食いしばってがんばる教室にしよう

にしたことも度々ありました。また中学校での学級では，

○私たちは，互いの命を大事にすることを誓います
○私たちは，弱い立場，少数の意見を大事にしていくことを誓います
○私たちは「教室はまちがえることによって，みんなが成長できる場」になるよう誓います

と子どもたちと一緒になって知恵を出し，唱和のことばを決めたこともありました。

　朝いちばんの教室で，全員起立して全校にひびくくらいの大きな声で

唱和する……それはやや恥ずかしいものでもありましたが，その一方では，慣れてくると，みんなで大きな声で唱和することによって，爽快な気分になって「一日の出発」を宣言する気持ちにもなりました。

　「誓いのことば」は，「これでなくてはならない」というものではありません。しかし，ともすると「正義がないがしろにされていく」集団生活の中で，マンネリ化を打ち破り，お互いが自覚的に取り組む大きな決意のことばとして，とても意義深いものがありました。

　私が担任した子どもたちの中には，初めはなかなか恥ずかしさも加わって，大きな声で唱和できませんでしたが，次第に「なぜか『誓いのことば』を大きな声で言わないと一日が始まらない」という子どもも出てきました。みなさん方にもぜひとも取り組んでほしいものだと私は強く願っています。

⑷　係活動や係の種類が変わる学級

　どこの学級にも係活動の組織がつくられていますね。低学年ほど，具体的に細密に「さすが低学年を担任する先生のアイデアだ」と思えるような配慮のある，誰もがやりがいのある係が設定されています。

　私が中学３年生を担任していた時，自分の担任している学級の中に佐藤君という子どもがいました。彼は私の社会科の授業中，ほとんど教科書も開かず，下を向いて寝ているのか，起きているのかわからない子どもでした。他の子どもたちが比較的真剣に取り組んでいる中で目立つ存在であったのです。

　私は彼を叱ったこともあります。「寝ていてはダメだ」「授業中，教科書を開こう」「黒板に書いてあることをノートに書こう」などと，何度同じことを言ったことか。でも彼は「うるさいなあ」というような表情

で，その態度はあまり変わりませんでした。

　ある時，私ははたと思い当たって，彼に，「佐藤君，悪いが君に時計係をやってほしいのだけれど」と言いました。彼はうるさいなあというような表情で，「何を……？」と言います。

　私は，「実は授業は50分なんだ。君もそうだろうけれど，みんなも私が授業を延長することは好まないだろうね。そこで君に授業が終わる5分前になったら，『先生，時間だよ』と教えてほしいんだ」と説明したのです。

　「そんなの先生が時計を見ていればいいのだ」と佐藤君の弁。「それがダメなんだよ。つい授業に夢中になってしまって時間を忘れてしまうし，それに時計は黒板の上にかかっているから私には見えにくいところにあるんだ」とまあそんなやり取りの中で，「わかったわあ。やるわあ」と佐藤君は言ってくれたのです。

　それからの授業では5分前になると「先生，時間！」と佐藤君の野太い声がします。私はそのたびに，「ああもう時間か，佐藤君ありがとう」と言います。唯一佐藤君に「ありがとう」が言える時です。それに佐藤君は，5分前どころか，10分前くらいから顔をあげて時計を見ているのです。

　それだけではありません。不思議なことが起きました。毎時間行っている5分間テスト（5問テスト）で，ほとんど何も書けなかった佐藤君が時として，答えを書くようになったのです。これは大きな進歩です。「すごいじゃないか，佐藤君，オレはうれしいよ」授業後廊下にそっと呼び出して，佐藤君と握手をしたのでした。佐藤君もまんざらではありません。これが「ザ・係活動だ！」と私はうれしい気持ちでいっぱいになりました。

　係活動は，奉仕活動的なもので，日常生活をしていく上で，必要なものが設けられていきます。中には新聞係，レクリエーション係などのように，そうではないものもありますが，多くは毎日の学校生活に必要だと思えるものを担任教師のアイデアで工夫して設定します。しかし，この係活動もマンネリ化することが多々あります。

　そんなことで，係活動も時として見直しをしていくことで，子どもたちの日常生活を新鮮なものにしていきます。係活動を見直していくきっかけは，

　　○係の子どもが怠慢になって係の仕事が滞ってしまう場合
　　○「窓開け係」「電灯係」があるけれど，みんなが率先してやるから，
　　　もうその係は必要ない場合
　　○「トイレのスリッパ整頓係」「靴箱の靴の整頓係」などの子どもた
　　　ちの生活を規律よくしていくために新たに設けることが必要になっ
　　　ていく場合
　　○係活動を立候補してやるように改善する場合

など，学級の実態に応じて新鮮な係活動が行えるようにしていく「改善」も重要な取り組みになります。

　ある年の学級では，木下君という男の子が，漫談のような小話が得意で，給食の時や帰りの会の時などに，木下君の話を聴くことをみんなが期待しました。そんなことで木下君は，「お笑い係」になったのでした。その後，お笑い係は木下君だけではなく，大山君や下田君も立候補して，とても愉快な雰囲気が学級に生まれていきました。

　係活動のちょっとした工夫がマンネリ化をした学級の雰囲気を変えていきますし，係活動自体をマンネリ化したものにしない担任の敏感さが

必要なことだと思うばかりです。

⑸　班活動で仲間と共に鍛え合う

　私は，中学校に勤務していた頃に，大西忠治先生の『核のいる学級』『班のある学級』（いずれも明治図書）という小集団活動に関する本に大変感銘を受けました。

　『核のいる学級』では，班長を育てる（鍛える）ことによって，学級を子どもたちの力で運営するとともに，子どもたち自身が自覚的・積極的に動くような人間へと成長していく実践活動のすごさに感動したのです。

　のちに私は大西先生に直接お会いして「なぜ先生は，このような取り組みを中核にして学級運営をされているのですか」とお尋ねしたことがありました。

　大西先生は苦笑しながら，「私は心臓に持病があって，他の担任の先生のように子どもたちの先頭に立ってリードできないのですよ」「だから子どもたちの力で学級を運営したいなと思って……そんなことで，そのことが，子どもたちを人間として成長させていくことにつながるなあと思えてきました」と話してくださいました。

　小集団活動を研鑽されている先生には，その頃広島大学の先生であった吉本均先生（学習小集団づくりの研究実践に造詣が深い）のやり方も大いに勉強になるものでしたが，私には「核のいる学級」のドラマチックな手法に惹かれる面が多くありました。

　そんなこともあって，私も４名を構成単位とする学習班と７～８名で構成する生活班の活動を中学校でも小学校でも取り入れて，がんばりました。学習班と生活班をつくる場合，まずは班長になってもらう子どもを選出します。そして，班長が決まったら，班長が自分で班員を選ぶのです。そうすると初めは，仲良し班ができます。どうしてもみんなか

ら嫌われていたり学習が遅れていたり，生活態度がだらしなかったりする子どもが選ばれなくて残ります。

　そこで教師は，「自分にとって都合のよい仲間，仲良しの仲間で班をつくっていいのか，選ばれなかった人の身になって考えるとどんな気持ちになるか」と問い返すのです。

　班活動は，「班活動をすることによって班が成長することが，大きな目標だ」と担任である私は子どもたちに訴えます。

　そこで改めて班員を選び直すことになります。

　学習班では，学習が遅れがちな子どもが「がんばれるようになった」，宿題を忘れがちな班員が「宿題をやれるようになった」ことは，「班長の功績だ」と評価するのです。

　それは生活班でも同じことです。生活班は，清掃活動，奉仕活動，仲良し活動などの日常生活の向上をめざす活動です。班長と班員との協力，結束，努力が目に見える形でできるようになっていくことをめざします。

　そして，時々朝の会や学級活動の時間を使って，「班活動の点検」をみんなでします。「誰々さんは班長になってから，威張っているから，ボス的でいけないと思います」「誰々さんはＫさんのことをとても心配して応援してあげているから，私もそうなりたいです」「班員の誰々さんは，いつも反抗的で，班長の言うことを素直に聴かないから，せっかく選んでもらったのに班長がかわいそうです」とみんなで話し合うのですね。

　このようにすることによって，人間としての価値ある言動とはどういうものか，いくら成果があっても独断的な班長では人間としてボス的でダメだ，というようなことを子どもたちは学んでいくのですね。

授業を進めていく時にも，毎日の生活を充実したものにしていくためにも，班活動は重要な取り組みであると今でも私は強く思っています。

　今問題になっている「いじめ」の問題なども，子どもたちがお互いに切磋琢磨していく関係を築くことによって，子どもたちの間に「正義の力」を育成していくことができる機会になります。

⑹　生活記録を書き綴ることの意義

　私は中学校で学級担任をしていた頃も含めて，小学校でも「生活記録」を子どもに書かせるようにしてきました。

　生活記録をあえて生活日記とは言わないのは，日々の生活の様子を日記風に記録するだけではなく，学校生活，授業での自分，友だち関係，家族のことなどを子どもたちが綴り，それに対して担任である私が朱筆を入れるからです。子どもと教師の交換日記でもあるわけで，それを通して子どもの精神的な陶冶を促していく大切なツールに私はしていたのです。

　時には，子どもの悩みを聴いたり，また時には，学校生活や家庭生活でのその子の思いに寄り添ったり……と。一斉授業の中では見落としがちな「個の存在」を意識した取り組みを生活記録のやりとりの中でやったのです。

　かつて北方性教育をはじめ，国分一太郎先生，無着成恭先生などによって，生活綴り方教育が隆盛を極めた時代がありました。

　それは単なる日記ではなく，「調べたり」「働いたり」「考えを吟味したり」することを子どもに課していくことによって，「生きた学び」「暮らしの中の学び」「世の中の矛盾や生き方の問題」を実質的に，子どもたちに取り組ませていく営為でした。

　それは「生活の中に学びがある」「暮らしの中に社会がある」ことでもあったのですね。私はそれらの先人の実践を感動を持って受け止めていました。

　何度も言うようですが，私は，いわゆる「生活綴り方」的な学習をすることはできませんでしたが，子どもたちが日常的にどんなことを考えているか，それを私がどう受け止めてやるかに，「教育の一環」があると信じていました。

　4年生の担任をしていた時，小野綾子さんは，次のような生活記録を書いてきました。

　今まで中日と巨人のナイターを見ていました。わたしは巨人が大の大の大きらいです。中日が8回に点を入れて勝ったので，うれしくてたまりません。きのうも中日は勝ちました。

　おふろにはいったとき，でも変なことを思いました。中日は勝ったけれど，あの打たれた巨人のピッチャーは今頃どうしているか，ということです。

　きっともう野球なんかやめたいと思っているかもしれません。そう思うとなんだかかわいそうになりました。でも中日が勝ったことはうれしいのですが，わたしはとても複雑な気持になって，ふとんの中でボーっとして考えていました。（略）

　小野さんの文は決して長文ではありません。日曜日の夜遅くなってからあわてて書いたのかもしれません。しかし，私は彼女の文章に「巨人のピッチャーのことを思いやる」人間としての相手を思うやさしさを感じたことでした。

　私は朝の会に子どもたちの前で彼女の生活記録を読んで，「みんなはどう思うかな？」と問うたのです。

次の日の生活記録に，八代さんは「小野さんの相手を思うやさしさに心を打たれました。私だったら勝ってよかったとしか思わないでしょう」，また森君は「負けたピッチャーはプロなんだから，一度くらい負けても次はがんばるぞと思っていると思います」と書いてきたのです。

　私は，この2人の生活記録を読みながら，「人が生きていくことには，うれしいことやかなしいこと，つらいこともあるけれど，そこをどう考え，どうくやしい気持ちからがんばる気持ちにしていくか……そこにその人間のねうちがあるね」と小野さんの生活記録に朱筆を入れたことでした。

　当時，私は40人の子どもを担任しており，生活記録に毎日毎日全員朱筆を入れることは，日々の授業の準備を含めて多忙を極めるので，2日に1回提出させて朱筆を入れる時間をつくっていました。生活記録を書かせる値打ちは，私の中では，子どもの内面陶冶につながる大切な学びのひとつとして続けていったのです。

　先日，教え子が40年ぶりにくれた手紙には，「今でも私は生活記録を持っています。時々読み返しては，あの頃こんなことを考えていたのか，先生はこんなことを書き添えてくださったのかと50歳になった今でも私の心の支えになっています」と書いてありました。

(7)　「授業を進めるルール」を進化させ，磨こう

　授業は30名前後の子どもたちが行うのですから，そこには，「授業を進めるルール」が子どもたちに共有化されていなくてはなりません。

　今私が考え，多くの学校で行ってもらっている「授業を進めるルール」は，このあとで，項を改めて記述したいなと考えていますが，大勢の子どもがいる教室で，できるだけ多くの子どもたちが「参加度の高い学習」を行うことは，担任教師のもっとも力を入れたいことです。

　しかも大切なことは，その学校の授業を行う教師たちの示す「授業を進めるルール」を，それぞれの担任教師にお任せにしないことです。そうでないと，子どもたちに大変なストレスを与えることになります。

　1年生で担任してもらった先生の「授業を進めるルール」と，2年生の先生の「授業を進めるルール」に大きな違いがあるとしたら，子どもたちは，どんな心境になるでしょうか。

　「1年生の先生はそんなやり方ではなかった」「新しいやり方でわかりにくい」「せっかく覚えたやり方とは違うので，頭がおかしくなる」など，子どもたちは「授業を進めるルール」に戸惑い，不協和音を起こしたり，大きなストレスを感じたりするのですね。授業を真剣にしないで，放棄します。

　ここでは，担任教師同士が共有化している「全員が授業というバスに乗る」ための，聴く力，話す力，話し合う力を高め，対話的に学ぶ場面を生み出すための児童・教師の約束事を紹介したいと思います。「花山小スタンダード」「東部中の授業で大切にしたいこと」の事例です。

授業の約束事「花山小スタンダード」

段階	子どもの姿	教師の姿
つ か む	○机上にその授業に必要のないものを置かない。 ○プリントを渡すときやもらうときは，「はい，どうぞ」「ありがとう」と言う。 ○音読をするときは，「指読み」や「バラバラ読み」を活用する。	○教師は児童の挨拶を見届けてから挨拶をする。 ○学習課題を短冊黒板に書く。 ・「〜しよう」というように，児童にとっての課題となるようにする。 ・横書きは黒板の中央に，縦書きは右端に書く。 ○一人ひとりが自分の考えをもって授業に臨めるように「見つけ学習」（心に残ったこと・すごいところを3つ見つける）を活用する。

深める	話すとき ○黙って挙手する。 ○指名されたら「はい」と返事をし、聴き手から見える位置に立つ。 ○低学年は、「聴いてください」と聴き手に声をかけ、聴き手が「はい」と言って話し手のほうを向いたら、話し始める。 ○教師やノートではなく、聴き手を見て話す。 ○みんなの前に出て指差し棒を使用して説明する。 聴くとき ○聴き手は、話し手のほうに身体を向け、話し手を見ながら、うなずいたり、あいづちを打ったりしながら聴く。 ○ハンドサインで反応する。 ○「〜さんに付け足しで」「〜さんに似ていて」「〜さんと少し違って」のように、つなげる発言をする。（話型の活用） 書くとき ○決められた時間内に集中して自分の考えを書く。 ○ベルが鳴ったら、すぐに書くことをやめる。	○すぐに指名しないで挙手を待ち、授業というバスに乗せることを意識する。 ○挙手が少ないときは「迷っていたら発言しよう」と声をかけ、挙手を促す。 ○「すごいね」や「素晴らしい」の言葉を効果的に使い、児童の自己肯定感や自己有用感を育て、やる気を引き出す。 ○予想発言「たぶん〜」「きっと〜」を教える。 ○教師は、話しすぎないように気を付け、児童の発言に対して「キャッチング上手（聴き上手）」を心がける。 ○２つのベルタイマーを活用する。 ・大きいタイマー…児童が集中して取り組む時間を設定する。３分、５分など。 ・小さいタイマー…教師が終了５分前を意識する。 ○話し合いを行うときの座席は、「聴き合い隊形（コの字型）」にする。 ○発言者のネームプレートを貼る。 ○板書には３色チョークを使い分け、簡潔かつ端的に分かりやすく書く。 白：事象や事実 黄：児童の考え 赤：強調・対立・結び付き ○聴き合いをするときに、ノートに書いていないことや新たに思い浮かんだ意見をもっている児童に対して、「書いていないことなら、なおいいです」と言って発言を促す。 ○全員でじっくり考える場面「がんばりどころ」を作る。
振り返る	○その授業の中でとくに学んだことや気付いたこと、新たに見つけた課題などを具体的に書く。	○授業の終わり方を終了５分前には意識し、延長はしない。

東部中「授業で大切にしたいこと」

〈はじめ〉
・元気な，心の通った挨拶で授業をスタートさせる。教師は，生徒が礼を終えるのを待ってから礼をし，生徒は，教師が礼を終えるのを待ってから着席する。アイコンタクトをし，生徒の様子を把握する。
・授業に関係ない黒板の記述は消しておく。ベルタイマー，温度計，星型マグネット以外はなし。
・本時のめあてを黒板の中央上部に書き，赤で囲む。発問は＜　＞で示す。

〈仲間とかかわり合う〉
○思いや考えをもたせる
　・ベルタイマーを利用する。残り1分になったときに，教師は「あと1分です」と伝える。ベルタイマーがなったらすぐにペンを置くようにさせ，延長はしない。生徒が集中できるように，1時間に2・3回程度の利用を目安とする。
　・授業の中で「輝きタイム」（基本は「輝きタイム」＝主発問）を設ける。発問を板書するとともに星型マグネットを貼って示し，生徒の意識化を図ってから考えさせる。
　・思ったこと，疑問に感じたことを箇条書きさせる。
　・ひとり調べの時間には，周りと話をせず，黙って取り組ませる。
○伝える
　・指名されたら返事をして立たせる。
　・話し合う場面では，話し合い隊形（話し手と聴き手が向き合う形）にする。学級の1/3以上が挙手してから話し合い活動を始める。板書にネームプレートを使用する。
　・遠くの仲間のほうを見て，全員が聞こえる声で語らせる。自分の思いや考えを書いたノートやワークシートを持って，顔を上げて話すようにさせる。教師はできる限り発言する生徒の対角線の位置に立つ。
　・「たぶん」「きっと」という話し方を奨励する。

- ・「○○さんと同じで」「○○さんと似ていて」「○○さんと少し違って」「○○さんにつけたしで」といった，仲間の意見につなげる話し方を奨励する。
- ・参加度を高めるために，状況に合わせてグループ学習を取り入れる。グループの人数は3～4人。座席がTの字になるように向き合わせる。（席替え時には配慮を。グループがわかるよう，担任の先生は座席表に線で囲んで示す）
- ・生徒の発言を受け止める。「アイメッセージ」を発信する。
- ・板書の言葉は単語的に書く。精選して，必要以上に書き過ぎない。
- ・チョークは1色で書かず，色分けして書く。

○反応する
- ・話す仲間のほうを見て聴かせる。
- ・誰の考えに近いかを意識させ，自分の考えに近い場合はうなずくようにさせる。
- ・近い考えに自分のネームプレートを貼ったり，色画用紙で示したりするなどさせて，全員が自分の考えを意識できるようにする。
- ・じっくり話し合う場面では「聴く」ことに集中させる。板書はノート等に写させない。

⬇

〈終わり〉
- ・授業終了5分前には終わりを意識して，着陸態勢に入る。
- ・板書をもとに，学んだことが実感できるように振り返りをさせる。板書を参考にしながら，わかったこと，最終的な自分の思いや考え等をまとめて書かせる。
- ・授業を延長しない。

　ここに示されている「子どもの姿」「教師の姿」は，学級びらき・授業びらきを行う前に花山小学校の教師全員の共通事項として，何度も何度も話し合われ，毎年の実践の積み上げの中で，洗練されてきたものです。

　それは「他校においても，こうでなければいけない」というものでは
ありません。それぞれの学校がそれぞれの価値観の共有を図ることによ
って，それぞれ独自の「スタンダード」が，結実していくことを望むわ
けです。

　花山小の場合，私も基本的な実践推進についてかかわってきており，
私の願いを実現してくださっていることは，事実です。それぞれの「ル
ール」の具体的な進め方については，このあと，項を改めて記述してい
きたいと思います。

　東部中の場合もまったく同じです。中学校では教科によって，教師に
よって，授業のやり方に違いがあり過ぎると，子どもたちのストレスは
より一層大きいものになります。私も参加しながら，このような授業の
やり方を構築したのでした。

2　教師が授業びらきで仕掛けていくこと

(1)　学習課題を書く

　授業の初めに教師がしなくてはならないことは，当たり前と言えば当
たり前ですが，「学習課
題の提示」をすること
です。学習課題小黒板
を作成して活用してい
る学校もあります。磁
石で黒板に貼付できる
ようになっているので
便利です。

　授業を始める前に，あ

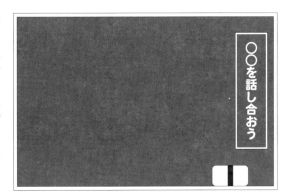

○○を話し合おう

縦書きの場合

横書きの場合

らかじめ小黒板に「本時の課題」を書いておくといいですね。そして，縦書きの場合（国語や道徳など）は，黒板の右側に貼付します。横書きの板書の場合は，黒板中央上に貼付します。

　時々，学習課題を提示しない授業を参観することがありますが，これは行き先不明の旅行のようなもので，子どもたちに「学びの意識化」を図ることができません。

　学習課題は，「〜をしよう」「〜を考えよう」「〜に取り組もう」「〜について話し合おう」などの書き方を推奨します。「さあやろう」というスタイルの表現の仕方ですね。そんなことで学習課題を提示したら，子どもたちと一緒に大きな声で，唱和するようにしましょう。

⑵　「学びの感想」の紹介をする

　子どもたちが前時の終わりに書いた「学びの感想」を紹介しましょう。この紹介の順番は，「学習課題の提示」の前でもいいですね。いずれにしても，「学びの感想」の紹介をすることは，次のように行います。

　①　みんなの書いたものの中から，「これはいいな」「がんばって書い

たな」と思われるものを紹介しましょう。

②　もしも全員の「学びの感想」を読み直す時間がない場合は，前時に「学びの感想」を書いている時に，机間巡視をしながら，あらかじめ２～３名の子どもを選んでおきます。

③　学級の子どもたちに毎時間順番に紹介することを意識づけていくやり方もあります。

④　「学びの感想」を紹介していくと，聴いている子どもたちのその後の「学びの感想」が充実したものになっていきます。

よく見られる光景で，前時の「学びの感想」を読まないで授業にすぐに入る場合があります。せっかく前時の終わりに「学びの感想」を書いても，授業者である教師が点検していないのですね。こういう状態では，子どもたちは「学びの感想」を一生懸命書かなくなります。

> 必ず，前時の「学びの感想」の紹介は，授業の初めに位置づけて，子どもたちの取り組みを評価してやりましょう。

(3)　プリントの配付のマナーを仕掛ける

私は，教室中に「ありがとうの文化」を広げていきたいと考えています。

たった１枚のプリント配付ですが，教師がまずは一番前列の子どもに配付する時に，「はい，どうぞ」と大きな声で言います。

そして受け取った子どもには，「ありがとう」「ありがとうございます」と言わせるようにします。

そしてその受け取った子どもが，次の子どもに渡していく時に，「はい，どうぞ」と大きな声で言わせるようにします。

この「はい，どうぞ」「ありがとうございます」「はい，どうぞ」「あ

りがとうございます」が一番後列の子どもまで言えるようになったら，「教室中に『ありがとうの文化』が広がっていくことは素敵なことだよ」と子どもたちに話して仕掛けます。

　ほんとうに最後の子どもまでがんばって言える学級もありますが，途中で言わなくなったり，なし崩し的に消えてしまう場合は，根気強く「がんばってやろうね」とやり直しをさせましょう。

　そして最後まで大きな声で言えるようになってきたら，「みんなが『ありがとうの文化』を大切にしてくれて，先生はほんとうにうれしく思います。ありがとうございます」と言ってやります。

　はじめは，「『はい，どうぞ』『ありがとう』を言うんだよ」と始めて，根気強くやることによって，子どもたちのマナーになります。

　やがてその教室に『ありがとうの文化』が，花開きます。それによって，単にプリントを配付する時だけではなく，給食の配膳をする時にも，何気ないお手伝いをしてくれた時にも，互いに「ありがとう」「ありがとうございます」が，心底言える人間に成長していく教室が生まれていくのです。

　それはなんと心温かい人間関係の形成でしょうか。私は心から推奨したいと思います。

⑷　教師は話す時，聴く時に「アイコンタクト」を意識しよう

　今でこそ，多くの学校の教師たちが「アイコンタクト」を意識してくれていることに，私は大きな歓びを感じているのですが，以前は授業者である教師が，子どもたちに語る時，教科書を見ていたり，横を向いていたりして，「果たしてこの先生は，誰に向かって授業をしているのだろうか」と疑いたくなる光景に出会うことが多々ありました。

　教師がアイコンタクトをしていない（意識していない）教室では，子

どもたちも先生を見ていません。下を向いていたり，よそ事をしていたり……。情けないほど，子どもたちが授業への集中力を切らしていることに鈍感な教師の姿に，私は悲しみの情を覚えたものです。

　「子どもたちの学んでいることに関心がないのか！」「誰のために授業を行っているのか！」ととても悲しい気持ちになりました。

　私は大学で授業をしていた時期があります。

　そんな授業の時，大学生に「申し訳ないけれど，お願いがあります。それはみなさんがこの教室で私の授業を受講してくださる時，いつも同じ場所に座ってほしいのですね」「それは，無理を承知でお願いしているのですが，私はみなさんの顔を見て，できれば，学んでいるみなさんの表情を見て，授業がしたいのです。みなさんの意見も聴きたいのです。そして一日も早くみなさんの名前を覚えて，ディスカッションしたいのです」「これを私は『アイコンタクトのある授業』としてみなさんにお願いしたいのです」と話します。

　マンモス教室で授業をした時も同じことを言いました。そして私が一方的に話をする授業ではなく，学生の意見や感想を聴きながら，『フェイスツーフェイス』の関係にこだわりました。

　ましてや小学校，中学校の授業では，『フェイスツーフェイス』は，当然の授業手法であらねばなりません。

　子ども同士の関係も同じです。ある子どもが話をする場合，自分の考えを誰に向かって話すのか，誰に聴いてほしいのか，そして聴く側の子どもも「今は誰の考えを聴く時なのか」を意識して「アイコンタクト」を条件反射のように行う教室にしてほしいのです。

　前にも記したことですが，アイコンタクトがごく自然にできるようになったら，教師は当たり前と思うのではなく，「ありがとう，うれしい

よ。みんながアイコンタクトを意識して授業をしているから，とてもいい勉強ができるようになってきた」と心を込めて言ってあげましょう。

質の高い授業は，「まずはアイコンタクト」の練成にあると言っても過言ではありません。

(5) ベルタイマーの活用が充実した学びを生む

ずっと以前，私は自分の授業が時として延長授業になることに，子どもたちに申し訳ないと思っていました。小学校は 45 分，中学校は 50 分の授業単位時間になっています。できれば，チャイムが鳴る 1 分前くらいに終えるくらいの配慮のある授業がしたいものだと思っていました。

そんな時，家庭の冷蔵庫のところに貼付してあったキッチンタイマーが目に留まりました。「これだ！」と思ったのですね。

まずは授業の中で，算数の計算問題をやる時，「今から 5 分でこの問題を 3 問やってもらいます。ようい，はじめ！」と指示して，机間指導に移ります。そして，あと 1 分になったら，「はい，あと 1 分だよ」と追加の指示をします。「ワンモア，ミニッツ」でもいいですね。そうすると子どもたちの集中力が高まることを実感したのでした。

国語で音読をする場合，社会科の資料でのひとり調べをする場合，理科の実験をする場合，体育のチーム練習をする場合などなど，このベルタイマー（キッチンタイマー）が大活躍をしてくれました。

その後活用の幅は広がっていきました。ペアトーク，グループトークなどでもメリハリのある時間の使い方ができるようになってきたのです。

ただし，このベルタイマーを使う時に，気をつけなければいけないこともだんだんわかってきました。

　たとえば，小学1年生の子どもに，「今から10分間でこの問題をやってもらいます」というようなやり方は，子どもたちが注意散漫になってしまって，とても集中した学習とはいえないことを実感したのでした。

　それではどのくらいの時間の長さが小学1年生に適切なのか，あれこれ文献を漁ったり，自分で実践して確かめたりしてみました。

　そして，「入学したばかりの1学期の1年生は，2分くらいが集中する時間の限界」であり，「2年生は3分くらいが集中する時間の限界」であると実感したのです。

　「3年生は4分」でした。この結果，

　子どもに集中させる時間は，学年＋1分が適切

ではないかと思うようになりました。

　ただし中学生でも小学6年生と同じ7分くらいが適切だと思います。

　もっとも，理科の実験や技術家庭科の作品作り，図工美術の作品作りなどでは，またそれぞれの適切な時間があるだろうと判断したことでした。

　ある学級では，国語の子どもたちが一番こだわったところを考えるのに，「さあ，ここはこの時間のがんばりどころだ。まずは姿勢を一度直そう，そうしてみんなで考えるよ。いいかな」と言って，「がんばりどころ」にベルタイマーが大活躍をする光景も見ました。

　またある学級では，2つのベルタイマーが用意してありました。1つは子どもが集中して取り組む用で，1つは40分にすでに設定されていて，「時間係」が始業のチャイムが鳴ると同時に，ベルのボタンを押します。そうすると授業終了5分前にベルが鳴り，授業をしている教師も「ああ，あと5分になったね。じゃあこれで終わりにして，学びの感想を書こうかな」と，けじめある終わり方をする光景を見ました。

ベルタイマーの効用はまだまだ多く活用の余地があると考えます。大いに活用してほしいものだと思います。

⑹　子どもの発言を聴く教師の立ち位置を考える

授業中，子どもは発言する時，ほとんどが「教師に向かって」話します。それは子どもの心情を考えるまでもなく，当然のことと言えば，当然ですね。しかし，授業は教室にいる子どもたち共々，授業をしているのです。とくに前列の子どもが発言する時，目の前にいる教師に向かって小声で発言していたら，その後ろにいる子どもたちには，まったく聴こえません。

そんな場合は，教師は「みんなのほうを向いて話そう」と指示することが普通です。そこまでいかなくても，左側の座席に位置する子どもが発言する場合，教師は，その発言する子どもの対角線上に移動して，ひざまずいて聴いてやると，発言する子どもはそちらを向いて話します。そのことは，結果的に大勢の子どもたちのほうを向いて話すことになります。

この「発言する子どもの対角線上に教師が移動して」は，一つの重要なテクニックになります。時には，対角線上に移動して「ここまで聴こえるような大きな声で言ってごらん」と指示してやります。それでも恥ずかしがり屋の子どもであったり，滅多に発言しない

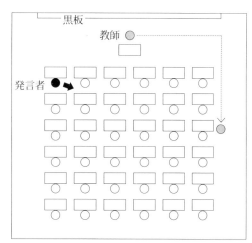

子どもが自信なさげに発言する場合は，その子の傍に行って聴いてあげることも必要でしょう。

　授業で子どもたちとの対話的で深い学びを実現するためには，子どもたちの座席をコの字型に移動させることが重要なことです。ある学校の女教師の授業を参観していた時，それまでひとり調べをしていた子どもたちが，いよいよ話し合いをする場面になった時，「はい，それでは『聴き合い』隊形になりましょう」と言いました。「話し合い隊形になりましょう」ではなく，「聴き合い隊形」と言っているところが極めて特筆すべきことだと強く思いました。

　「授業の途中でコの字型になるのなら，初めからコの字型にしておいたら」という考えもありましょう。しかし，国語で言えば，音読したり，漢字練習をしたり，またひとり読み取りをする場合は前向きに全員がなっていて，いざ話し合い聴き合いになったら，向きをコの字型に変えることで，子どもの心のスイッチが「聴き合いの学習をするよ」と切り替わることに意義があります。

　さらに言えば，最後5分前に「学びの感想」を書く時は，机を最初の隊形に戻してから書くことも「学習の切り替え」にメリハリをつける意味で重要なことであると考えます。

(7)　教師の机間巡視中のチェック表の工夫を

　国語でも社会科でも理科でも，子どもたちがひとり調べをしている時，教師は机間巡視をしながら，子どもたちが学習課題のどこに着目してひとり調べをしているか，見届ける必要があります。

　たとえば，国語「ごんぎつね」の兵十がごんを火縄銃で撃った場面を読み取る時，多くの教師が，教室の子どもたちの座席表（白紙の座席

表）を持ち歩いて，そこに「誰がどこに着目して，どんなことを書いているか」チェックしています。

　私は，授業者の教師が，そのチェックした結果を授業に上手に生かしてくれるならば，そのようなやり方でも何の問題もないと思いますが，多くの授業を参観する限りにおいては，あまり上手に活用されているとは言えません。授業の最中に，誰が何を書いていたかチェック表を見る余裕がありません。そんなことでせっかくのメモが生かされないのですね。

　そこで一つの提案をしたいと思います。

　それは，教師は白紙の座席表を持ち歩くのではなくて，「兵十がごんを火縄銃で撃った場面の教科書のコピー」を机間巡視の時に，持ち歩くのですね。そして，「誰がどこの文やことばに着目しているか」を，その子どもの名前とともにメモすることです。

　社会科で言えば，「徳川幕府は，いかにして大名統制をしていったか」をひとり調べる場合，子どもたちに与えた数点の資料があるはずです。その数点の資料のどこに子どもたちは着目して，自分の考えを書いているかをやはり教師は数点の資料のコピーを持ち歩いて，その子どもが着目している箇所や意見をコピー用紙にチェックします。

　このようにすると，授業が行きづまったり，核になる意見をもつ子どもを浮かび上がらせる場合に，そのメモした用紙を見て，誰に意見を言わせることで焦点化できるかが，作戦としてできるようになります。

　このやり方は，理科の実験でも体育の授業でもとても見やすくやりやすくて，教師の願いを子どものこだわりに沿って展開することを可能にします。一度だまされたと思って活用してください。

⑻　子どものネームプレートは,二組用意する

　現在,多くの学校の授業を参観すると,子どもたちのネームプレートが作成されていて,それが活用されている光景を見ます。とてもうれしいことだと思います。子どもたちも自分の考えを出した中身が板書され,そこに自分の名前のネームプレートが添付された時に,自己肯定感を強く感じることでしょう。

　そんなネームプレートが二組用意されている教室にもよく出会うようになりました。これも一組では足らなくて,二組用意されたのだなと,その教師の努力に頭が下がります。

　ただ,その二組のネームプレートを効率よく上手に活用している場合と,ほとんど一組のみであとの一組が用をなしていない場合があります。

　2回,3回と発言した子どもがいる場合,二組用意した意味があります。

　それだけではありません。たとえば,授業も終盤になってきた時に,もうみんなの意見を（考えを）聴く時間的な余裕がなくなる場合があります。

　そんな時,教師が「まだ意見を言っていない人で,いままでに出た意見の誰の考えに近いか,自分のネームプレートを黒板に置いてください」と指示したり,「自分の考えをすでに言ったが,みんなの意見を聴いていて,意見が変わったり誰かの意見に近くなったりした人は,ネームプレートを置いてください」と指示したりして,2つのネームプレートを実に巧妙に活用している授業を参観したことがあります。

　挙手して発言した時だけがネームプレートの活躍場所ではなく,挙手しなかった子どもも,自分のネームプレートを「自分の考えに近いところに置いてください」という教師の指示によって置くことで,「その時

間の授業に参加した」という気持ちを高めることができます。

「授業に参加した」「授業というバスに乗った」という実感は，子ども
にとって，教師が考える以上に大きな満足感を持たせることになります。

(9) 本時の「がんばりどころ」を位置づける

授業は，小学校は 45 分，中学校は 50 分に定められています。毎日
毎時間，このようなリズムの中で授業を進めていくのですが，子どもた
ちの集中度は，いつも充実したものであるとは言えません。45 分の時
間の中では，中だるみしたり，姿勢が崩れたり，集中を欠いたりする場
合も多々あることでしょう。

そんなことを思うと，教師にとって，「本時で一番学ばせたいところ」
（授業の山場にしたいところ）だけは，子どもたちも目を覚まして真剣
に取り組んでほしいと願うのは当然のことです。

また，子どもたちが一生懸命授業をして，本時の中で一番こだわった
ところが生まれてきた時に，そのことについて，一部の子どもの「こ
だわり」にするのではなく，「みんなのこだわり」にしていくためにも，
子どもたちの「学びのスイッチ」が，切り替わる必要があります。私は
これを本時の「がんばりどころ」と名付けました。

> **教師**「みんなが今日一番考えてきて問題になったところは，ここだ
> ったよね。」
> **教師**「さあ，ここはこの時間で一番本気を出してがんばる『がんば
> りどころ』だよ。姿勢を直して深呼吸してください。」
> **教師**「それではいいですか。ここのところについて，今から 3 分時
> 間を差し上げます。自分の考えをノートに書いてみましょう。」

　こうして教師が意図的な展開をしていくことによって，授業に参加する子どもたちの気持ちに新たなスイッチが入ります。そして3分経ったところで，ペアトークをしてもいいし，グループトークを，また全員で話し合い聴き合いをしてもいいでしょう。

　ある教室で授業を参観していた時，「がんばりどころ」を「さあ，ここが今日のがんばりどころだよ」と言って，教師は黒板の端に貼付してあったスターマークを，そのがんばりどころのところに貼付し直しました。

　それは日頃から，教師と子どもの合言葉になっている光景でもありました。その瞬間，子どもたちの目が改めて輝き出したことを私はとても感動的に受け止めたことでした。

⑽　学びの感想を書く──延長授業をしない

　何度も何度もこれまで書いてきましたが，「授業は延長してはなりません」。

　授業の山場である「がんばりどころ」が充実したものになっていたにしても，延々と続けては延長授業になってしまいます。授業終了5分前には，その授業の「着陸態勢」に入ることが鉄則です。私は延長授業をした場合，「不時着の授業だ」と言っています。

　授業終了5分前には，「学びの感想」を書いたり，「最後の練習問題」をやったりします。教師は，机間巡視をしながら，本時の授業が，どのように子どもに受け止められたかを確認します。そして，次時の初めに「学びの感想」を読んでもらう子どもを見つけます。

　1時間の授業が心地よい疲労感を持って終わるのは，私の理想とするところです。

きっと子どもたちも同じことを思うのではないでしょうか。がんばりましょう。

⑾ 板書は3色のチョークを活用する

授業をする時に，チョークを使って板書しますが，みなさんは何色のチョークを使っていることでしょうか。

> 私は「最低でも3色のチョーク（白，黄，赤）を使って，メリハリのある板書にしてほしい」と願っています。

どの色のチョークで何を書くかに決め事があるわけではありませんが，おおよそ「白は地の文や計算式，黄は子どもの意見，赤は強調や対立，つながりなどの意味づけ」と分けて書いていただいています。

「私はもっと青色とか緑色も使いたい」とおっしゃる先生もいますが，使ってくださって結構です。ただし，その場の思い付きのようにしてチョークを使うのではなく，それぞれのチョークに役割を与えておくべきです。そうしないと，子どもたちは落ち着いて板書を見ることができません。

ある学校では，授業の勉強会を日常的にしていました。その勉強会というのが，夕刻，教室の黒板に，明日行う授業の板書をどう構成したらいいか，思案する会でした。

授業者である教師が，あらかじめ「こんな板書になるといいのですが……」と書きます。

そうすると，「こんな意見が出てきた時には，どうしますか？」と参加した教師が問います。

「さて……？」「それは，ここに位置づけて書いたらどうなんでしょうか」とまた参加した教師のアイデアが出されます。

　そうして，勉強会は 30 分くらいで終わりました。長引いて 1 時間以上になることもありますが，その学校の大切にしていることは，「授業を板書で予想するのだけれど，この予想した板書とは大違いの意見が出てくるかどうか，それをたのしみにして授業をする」姿勢が，教師たちにあることでした。「こうありたいな」と思いつつも，「私たちの考えを打ち破るような奇抜な考えが出てくるかもしれない」ことをたのしみにしていることでした。

　とかく教師は自分が作成した指導案にしがみつく傾向にあります。板書も同じです。

　そうではなく，この学校の教師たちのように，一生懸命予想して，教師の願いを込めて板書研究をするのだけれど，それを「打ち破って，私たちの予想もしない意見や考えが出ることをたのしみにして授業に臨む」という，そのくらいの余裕があるととても落ち着いた授業ができる教師になっていくのですね。そんな教師になりたいものです。

Ⅲ

教師は，
学級びらき・授業びらきで
学習規律・学びの方法を教える

すでに本書でも何度も記してきたことですが，「教師が学習規律・学びの方法を教える」ことこそが，まずは授業実践，学級経営の基本であると，言い続けてきました。「教えないでおいて，子どもに期待するのは，不毛な取り組みである」というのが，私の強い思いとしてあります。

そして，最も大切なこととして，「教えておいて，できない子を叱る」ことこそが，やってはならないことだと肝に銘じるべきだと自戒しています。「教えておいて，できるようになった子，やろうとがんばっている子を褒めたたえる」ことによってこそ，子どもは，自ら精進するようになっていくのです。そんな教師としての指導姿勢を築くために，子どもたちが何をどう学んでいくべきかをここでは記していきたいと考えます。

1　学級びらき・授業びらきに子どもに語りかける 11のメッセージ＜授業編＞

学級びらき・授業びらきにあたり，教師は，学習規律や学びの方法を子どもたちに伝えていきます。その伝え方をどうやったらいいのか，何を伝えたらいいのかを，ここでは具体的に記していきます。まずは＜授業に関すること＞から，考えていきます。

メッセージ①　授業の初めと終わりのあいさつをきちんとできる教室にしよう。

教師：授業の初めと終わりのあいさつは，「さあ，これから授業が始まります。お願いします」「ありがとうございました」と心を込めて言えるみんなになりましょう。そこで，次のようなあいさつのやり方を覚えます。（と言って，教師が子どもになってお手本を示します）

＜初めのあいさつ＞

子ども：「起立！」「服装を正してください」「気を付け」「今から1時間目の国語の授業を始めます。お願いします」（お辞儀をする）

教師：（子どもたちのあいさつを見届けてから）「はい，お願いします」（深々とお辞儀をする）

＜終わりのあいさつ＞

子ども：「起立！」「これで1時間目の国語の授業を終わります。ありがとうございました」（お辞儀をする）

教師：「はい，ありがとうございました」（深々とお辞儀をする）

　さあ，一度練習をしますね。（やってみる）すごーい，とてもいいよ。もう一度やろう！　これから，いつも心を込めて，こういうようなあいさつをしましょう。

　今まで多くの教室で，授業の初めと終わりのあいさつを見てきてつくづく思うのは，教師と子どもが同時にお辞儀をするために，お互いのあいさつを見ないままに終わっていて残念だなと思うのですね。

　そのために，子どもたちのあいさつをする姿勢や振る舞い方が，実にバラバラ感のあるあいさつになっています。しっかり頭をさげてあいさつしている子ども，気を付けもできず，姿勢の崩れたままであいさつをしている子（いや，していない子もいます！）など，不揃いなんです。

　「あいさつをしっかりやることばかりを指導対象にするのは，古い考えだ」という声を聴くこともあります。しかし，あいさつがきちんとできないと学級の崩れになったり，生徒指導の崩壊になったりすることも多々あります。

ここで私が強調したいことは，教師が子どもたちのお辞儀よりも，「深々」とすることです。そのことによって，子どもたちはその教師の誠実さ，謙虚さを学ぶのですね。

　「あいさつ一つが，大きな教育指導」になっていることを戒めたいと思います。

メッセージ②　アイコンタクトを，この教室のきまりにしたい。それをルールにして，やがてみんなで，それが「マナー」になるようにしたい。

教師：アイコンタクトとは，「顔をあげて，先生や話しているみんなの方を向いて，目と耳と心で聴く」ことですね。

　「なるほど，そうか，へえー」と心の中でうなずきながら聴くようにしていきたいのです。それをこの教室の文化にしていきましょう。

　先生が話している時，みんながアイコンタクトをして，ちゃんと先生を見ていてくれると，とても気持ちがいい。みんなも話す時に，他の聴いてくれている人がアイコンタクトをして聴いてくれたら，きっと気持ちがいいし，うれしい気持ちになると思う。がんばってくださいね。

　「目は口ほどにものを言う」と言います。話し手も聴き手も，目と目をしっかり見て（顔と顔を合わせて）行うことが，習慣化されていくと，子どもたちの授業への「参加度」が確実に高まります。

　何度も言うようですが，これを指導する場合も，「やれていない子への注意」を中心にして考えるのではなく，「アイコンタクトがやれている子を賞賛する」ことを優先して指導します。

　そうすると教室中が明るい気持ちのよい雰囲気の中で，授業展開ができるようになっていきます。

メッセージ③　　授業には必ず「学習課題（めあて）」を出す。みんなが「何をこの時間に学ぶか」はっきりしたら，バスを発車する。

教師：「学習課題（めあて）」は，この授業の目的地への案内板です。先生は，みんながこの「学習課題（めあて）」を意識して学習してくれることを願っています。そのためにも，学習課題（めあて）が掲示されたら，大きな声でみんなで読みましょう。

　「学習課題（めあて）」の提示のタイミングですが，それは必ずしも授業の最初とは言えません。まずは，教師が導入的に話をしたり写真などを掲示したりして，学習課題に至る呼び水が必要な場合もあります。

　そして，「さあ，それでは今日は，このことについて，みんなで学習していきましょう」と言ってから，提示することもあることでしょう。

　学習課題はあらかじめ課題小黒板に書いておいて，黒板に貼付することができるといいですね。縦書きの場合は右側に，横書きの場合は黒板中央真上に掲げると，教室全体によく見える掲示の仕方になるでしょう。

　なお，課題を書くチョークの色を工夫して，子どもたちに意識化できる色使いをすることも大切な手法です。

メッセージ④　　挙手する時は，黙ってしよう。指名されなくてもがっかりしない。先生は，ちゃんとがんばっている子を見ているよ。

> **教師**：授業中，手を挙げる時に，「はい，はい」と言わないようにしましょうね。黙って挙手するのです。
>
> 　挙げた手はすっと伸ばす。あまり手に力を入れません。ピンピンに挙げることをしません。
>
> 　指名されたら，「はい」と返事をします。
>
> 　当たらなかったみんなの中で，がっかりする子もいるかもしれませんが，みんなのガンバリを先生はちゃんと見ているから，嫌な気持ちにならないでください。

　授業中，挙手する時に，「はい，はい」と声に出している教室を見ることがあります。これは一見，元気よく授業をしているように見えますが，2つの点で問題があります。

　第一は，「はい，はい」という声がだんだん大きくなってきて，自分に当ててほしいという気持ちが湧きたって，どうしても力が入ります。しかし，学級には大勢の子どもがいますから，当たるのは1人ですね。そうなると当たらないほとんどの子どもは，「あーあ」とがっかりします。「はい，はーい！」と大きな声で力を入れて挙手していればいるほど，指名されなかった子どもは，落胆が大きいのです。それが気持ちの高ぶりになってしまって，感情的になる子どももいます。「もう二度と手を挙げないから！」「また女子ばかりを当てる！」などと，興奮状態になる場合もあります。

　第二点目は，あまり大きな声で「はい，はい」を言わせていると，隣の教室の授業に騒音となって迷惑になります。静かな落ち着いた授業の仕方を心がけましょう。

> **メッセージ⑤**　授業中のハンドサインは，「意見を言います」
> 「付け足し発言をします」「おたずねをします」の３つの約束にする。
> 「反対」のハンドサインはつくりません。

> **教師**：授業をする時に，みんなが何を考えていて，どんなことが伝
> えたいのか，そんなことを先生やみんなに知らせるために，ハンド
> サインをつくります。
>
> 　発言の場合の種類を今みなさんに伝えます。
>
> 　まずは「意見・自分の考え」があります。この場合は，普通に手
> を挙げます。それから「誰かの意見に付け足しする」意見がありま
> す。この場合は，２本指を出して挙手します。「誰々さんとはちょ
> っと違っているけれど」という意見も，「付け足し発言」の仲間に
> します。「おたずね」をする場合は，１本指を出しましょう。
>
> 　みんながハンドサインを上手に使えるようになると，先生も誰が
> どんな考えをしているかとてもわかりやすくなって，うれしいです。
> 協力してくださいね。

　一斉授業を進める場合，子どもたちの意見がどのような意見であるか
がはっきりしないと，指名が混乱して，授業がうまく進みません。そん
なことで，「ハンドサインの活用」を取り入れることも重要な手法です。

　この場合，一番気を付けたのは，「反対」のハンドサインをつくらな
いということです。

　私の参観した授業の中にも，拳骨の挙手をして「反対」を指導してい
る授業がありましたが，勢いよく拳骨で「反対！」のハンドサインをさ
れると反対された子どもの中には，自信を失い，その後の授業で挙手す
ることにあまり積極的になれない子どもも出てきます。

　私は，「反対意見も『ちょっと違って』の仲間意見だ」と考えて，意

見を言う場合，「誰々さんに反対で……」と言わずに，「誰々さんとはちょっと違って……」と言いましょうとしてきました。こうすることによって，自信のない子や消極的な子どもにも，恐怖を与えるような反対意見の空気が和らいできて，授業が和やかになっていきました。みなさんにも活用して取り入れてほしいと思っています。

メッセージ⑥　　学級のみんなから学べる「聴き上手」になろう。
「聴く」は，「耳」と「目」と「心」で聴くのだ。

教師：私はみなさんが発言を積極的にすることはとても大事なことだと思っています。でももっと大事なことは，「聴き上手になる」ことですね。話している人のほうを向いて「耳と目と心」で聴くのです。

　「聴き上手」になって，自分が発言する時，「私は誰々さんに付け足して」「私は誰々さんと同じで」「私は誰々さんとちょっと違って」と，友だちの名前を入れて発言できると素敵ですね。よく聴いてよく学ぶことのできる人になりましょう。

　何度も何度も繰り返して言いますが，子どもたちに「聴く」「訊く」「聞く」の字の違いをお話ししましょう。

　「訊く」は，「問いただす」ような訊き方です。警察官が取り調べをするような時には，どんどん質問しながら，問いただしていきます。

　「聞く」は，普通の聞き方です。

　それに対して，「聴く」は，耳を傾けて，話し手の方に耳と目と心を寄せて聴くのですね。そんな聴き方を「傾聴する」とも言います。相手の考えや意見をキャッチングするのですね。うなずきながら聴くこともあります。そんな教室にしたいですね。

> ### 〔メッセージ⑦〕　手を挙げようか，どうしようか迷っていたら，
> 「手を挙げよう」を心にしっかり決めるみんなになろう。
>
> **教師**：授業中，「恥ずかしい，間違っていたら嫌だ，笑われるんじゃないか」という不安は誰にもあります。先生もみんなと同じ頃，恥ずかしがり屋で臆病だったのです。だから先生は，みんなをそんな気持ちにする教室にしたくないのです。
>
> 　たくさん間違えて，たくさん予想して，自分を鍛えていく教室にしましょう。不安退治を先生は先頭に立ってがんばります。みんな応援してくださいね。

　ある日，6年生の社会科の授業を参観する機会がありました。その時，少し難しい問題を考えることになりました。教室のみんなは，初めのうち，なかなか手が挙がりませんでした。

　授業をしている先生は真剣な目でありながら，笑顔いっぱいで，「みんな4月の学級会で決めたことを覚えているかなあ。あの時，みんなは恥ずかしいから手を挙げることができないことをみんなで確認したよね。そして，みんなそんな教室にしたくないと言ったよね」「わからないことを考えることは，厳しくて辛いことですよね。でもだからこそ，不安な時こそ，手を挙げようかどうしようか迷っている時こそ，がんばれるみんなになることを約束したよね」と語りかけました。

　そうしてしばらくすると，1人，2人，また1人とがんばって挙手する人が増えていきました。とうとうほとんどの子どもが手を挙げたのです。私は身震いするような感動を覚えて，授業にのめりこんでいきました。

黒板の前に出て，みんなに説明するやり方をマスターしよう。

教師：さあ，それでは誰か前に出て説明してくれますか……おお，すごいねえ，増えてきたねえ，では○○君，お願いします。

さあ，黒板を使ってみんなに説明してくださいね。

子ども：はい。（自分のノートを持って前に出てくる。それと同時に，みんなは席を離れて，黒板の前に体操座りをしました。前に出た人の説明が始まりました）

それでは始めます。聴いてください。（聴いているみんなは一斉に「はい」と返事をしました）

まず自転車の人は，時速15キロで自転車に乗って30分進みましたよね。だから 15 × 0.5 で 7.5 キロになります。ここまでわかりましたか。（聴いている子どもたちに「はい」と返事をした子と「なんで 30 分が 0.5 になるんですか」という質問をした子がいます。みんな説明する人のほうをしっかり見ています）

それは，30 分は 1 時間の半分だから，1 時間が 1 とすると 30 分は 0.5 になります。わかりましたか。（「はい，ありがとうございました。わかりました」の声がしました）

それで初めにそれよりも 1 時間前に歩いて出発した人は，時速 4 キロですから，1 時間 30 分では，4 × 1.5 ですから，6 キロになります。ここまでわかりましたか。（また聴いている人は，「はい」と返事をしました）

だから，自転車の人のほうが早く目的地に着くと思います。どうですか。（聴いている人は，「わかりました」と返事をしました）

私がこの光景を参観していて，一番感動したのは，初めに説明する人

の体の向きが，体操座りをして聴いている人のほうをしっかり向いていることでした。

そして，説明する人が「聴いてください」と歯切れよく言うと，聴く側の人たちが，ちゃんと「はい」と返事をするのですね。

さらに，説明する人が，一つひとつの計算式を書いて説明する時に，「ここまでわかりましたか？」と聴いている人に確認しているのです。そして，聴いている人の中でわからない人は挙手して，「おたずね」をしています。

それを踏まえて，説明する人は，そのおたずねについて説明しています。そのやりとりが実に落ち着いて，説明する人も聴いている人も慣れているのですね。

さらに，その時に先生はどこにいるかなと思ったら，聴いているみんなの後ろでひざまずいていました。私はなるほどなあ，これなら，みんなで学ぶ姿勢がしっかりできるなあと感動しました。

説明する人「説明します。聴いてください。」

聴いている人たち「はい。」

説明する人「ここまでわかりましたか？」

聴いている人たち「はい。」「もう一度お願いします。」「質問があります。……ですが，どうなんですか。」

説明する人「それは……です。わかりましたか。」

聴いている人たち「ありがとうございます。わかりました。」

（授業を進めている先生は，聴いている子どもたちの後ろにひざまずいて聴いている）

ぜひとも，みなさんの教室でも，このような学び合いを日常的にやれる状況を整えてください。それは算数の授業だけではなく，あらゆる教科で可能だと思います。

考えややり方に自信がない時は，「きっと……」「たぶん……なんだと思うよ」という予想発言でいいのだ。予想発言は「安心発言」として，みんなでがんばる合言葉だ。

教師：予想したことを書く，予想した発言をすることは，道の無いところを踏みしめていくようなもので，不安が誰にでもありますね。でもそれこそが，「勉強している」ことなんだと意識しましょう。

　「きっと……」「たぶん……」は安心発言として授業の中で積極的に使えるみなさんになってくださいね。みんなも決して笑ったりしない教室にしましょう。

　ある中学校の2年生の数学の授業を参観した時のことでした。子どもたちが挙手するのですが，それが半端な数ではないのですね。40名くらいの学級でしたが，30名くらいの子どもが挙手するのです。

　中学2年生くらいは，先生方によっては，「一番やりにくい学年」と言われます。3年生のように進学という目標もまだ遠く，1年生のような真面目さもやや崩れている場合が多いからです。それがこの学級はそうではありませんでした。

　あとで担任の先生にお聴きしたところ，4月当初は，まったく発言はできない学級だったそうです。それで「こんな学級でほんとうにいい勉強ができるか」とみんなで考えました。

　「なぜ発言できないのか」「なぜ発言しないのか」一人ひとり自分の考えを言いました。そうしたら，全員の子どもが「間違えると恥ずかしい」「笑われたら，嫌だ」と言いました。「そうか，みんなはそんな気持ちでいるんだね」と担任はフォローしました。

　そしたら，ある男の子が，「こんなでは，この教室は牢屋と同じだ。それで1年を過ごすのは嫌だなあ」と言ったそうです。そこから始ま

って，「みんな笑わない教室にしよう」「いい勉強は間違えるからできるんだ」「わからないことを勉強するのだから，『予想発言』でいいのだ」「予想発言は，『たぶん……』『きっと……』と言おう」と決まったそうです。

改めて教室の前面を見れば，高いところに「予想発言は安心発言だ！」と大きな字で書いて張ってあるではありませんか。

「おかげで，みんなががんばって授業に積極的に参加するようになって，中間テストや期末テストの平均点も他の学級よりも 10 点くらい向上しました」と担任の先生はうれしそうに話してくださいました。

「予想発言は安心発言」のことばが，とても胸にジーンと染み込んできたことでした。

メッセージ⑩　「ここがこの時間のがんばりどころだ」というところでは，深呼吸して姿勢を正して，取り組むみんなになろう。

教師：みんなが一番気になるところ，先生が，この時間に乗り越えてほしいハードル，そこでは，頭が汗をかくくらいがんばる自分になりましょう。辛くて，厳しいかもしれませんが，みんなが賢くなるための大きな試練だからね。

前にも記していますが，「がんばりどころ」を子どもに意識させるか，させないかでは，授業での子どもの顔つきが大きく違います。

45 分，50 分の時間の中で，なかなか集中は長く続くものではありません。もちろん，子どもたちが 1 単位時間の中で，集中力を高めてがんばれる集団になっていくことは，理想です。

本時という授業の山場，子どもたちが関心高くこだわったところは，本時のねらいのハードルでもあります。この「がんばりどころ」は，個

人のひとり調べとして行ってもいいし，グループトークにしてもいいし，ペアトークでもいいと考えます。様々な変化技を使って，新鮮で集中できる時間にしたいものです。

メッセージ⑪　授業終了5分前になったら，授業を止める。その時間に学習したことを振り返り，学んだことを確認したり，練習したりする時間とする。

教師：授業をやりっぱなしでは，みんなの身につきません。見直し，見返し，学びの要点をつかみ，練習する時間もとても大切なことです。

学級の係活動の中に「時間係」をつくって，授業終了5分前にベルタイマーが鳴るように設定してもらいます。

先生は延長授業をしないためにも，5分前のベルが鳴ったら，授業を終えます。

以上が，授業に関する学習規律や学びの方法です。何度も言うようですが，学級びらき・授業びらきの中で，ここまで語ると「授業びらき」のおおよその流れを子どもたちに説明したことになります。

ここまでのメッセージは，口頭で言うだけではなく，図式化して，教室の中にきちんと大きく掲示すると，子どもたちの意識化を図れることになり，より強力に推し進めることができます。

2　学級びらき・授業びらきに子どもに語りかける　８のメッセージ＜生活編＞

メッセージ①　「おはようございます」「こんにちは」「さようなら」を笑顔で言う人になろう。

教師：気持ちのよいあいさつは，相手も自分も明るく元気になれますね。先生にも友だちにも進んで言える自分になりましょう。

　そのために，先生も進んで今日からあいさつすることを心に誓います。

　学校生活だけではありませんが，まずは学校生活の中で，日常的に行うことは，「あいさつ」です。

　朝のあいさつも，「おはよう」だけではなく，「○○君，おはようございます」と名前と「ございます」をきちんとつけて，まずは教師が率先して行うことを心に誓いたいと覚悟を強くすることです。

　どんなに忙しくても，「あいさつ」に手抜きをしないことです。お辞儀をしてあいさつをすることで，子どもたちも次第にお辞儀をするようになってきます。これは，私の体験的な確信です。

メッセージ②　「ありがとう」「ごめんなさい」「失礼しました」は，感謝の心がないとできない。ていねいに言える人になろう。

教師：先生は，「ありがとう」を一日100回を目標にしてこれから毎日取り組むことを誓います。

　先生は，みんなが元気で学校に来てくれるだけで，まずはとても

うれしい。「ありがとうございます」の第一号だ。みんなにプリントを配付する時も，「はい，どうぞ」「ありがとうございます」を言えるみんなになってほしい。給食の配膳をする時も，同じことです。

　逆に，いけないことをした時やまちがえた時には，素直に「ごめんなさい」「失礼しました」と言える人は心の優しい人です。そんな行いを先生もがんばるから，みんなもがんばってほしいとお願いします。

　日々の日常生活こそ，子どもたちの育ちの時と場です。ある荒れた中学校で，先生方も荒れに苦しんで，日々，疲労感が極度に増していきました。

　そんな時，ある若い先生の「子どもたちの中には，あまり多くを語りませんが，がんばっている子もたくさんいます。そんな子たちに，もっともっと『ありがとう』や『ごくろうさま』とねぎらいの言葉をかけてやろうじゃありませんか」という呼びかけから，「一日ありがとうを100回言おう」が，出発しました。

　それからの日々，ほんとうに先生方は，「ありがとう」「ごくろうさま」「感謝しているよ」を繰り返し繰り返し言い続けました。

　2年後，子どもたちは大きく変わっていきました。生徒会も立ち上がり，「ありがとう運動」が，始まりました。保護者のみなさんも立ち上がりました。学校の雰囲気は次第に落ち着き，日々の生活に立ち向かう子どもたちに落ち着きと，優しさが溢れるようになってきたと言います。

　「ありがとう」は，地道な行いですが，実はもっとも人間性を如実に示す行いです。私たち教師の姿勢の根幹にこの「ありがとう」「ごめんなさい」「ごくろうさま」を据えて取り組みましょう。

> **メッセージ③**　休み時間でも授業中でも，友だちの名前を言う時は，「さん，君」をつけよう。
>
> **教師**：友だちの名前を呼び捨てにしてはならないのです。それが教室で生活していく上での大事なマナーです。
>
> 　４月の１ヵ月は，とくに先生は，みんなのがんばりに期待します。ただし部活動の場合は，先生も名前だけを言う場合があるかもしれません。きちんと使い分けて言うように心掛けますね。みなさんもがんばってくださいね。

　教師が名前を呼び捨てにしている傾向が強いのは，小学校よりも中学校のほうがはるかに多いように思います。また市町によって，呼び捨てが習慣化しているところがあります。やはり「呼び捨て」は，禁句です。

　教師だから呼び捨てにしていいということもありません。仲良しだから呼び捨てにしていいということもありません。これは学校全体で取り組まないと，なかなか成果につながりません。

　ただし，部活動などで，試合中に呼び捨てで言う場合は，試合の性格上やむを得ないことでしょうか。そんなことも学校全体で話し合い，学校のきちんとした約束事にしたいものです。

> **メッセージ④**　忘れ物をしたら，その授業の始まる前に，先生に申し出る。宿題も同じように事前に申し出る。
>
> **教師**：忘れ物をしたり，宿題を忘れたりすることは，誰にでもあることです。しかし，それを黙っていたり，ごまかしたりしてはいけません。正直に申し出て，「自分は，だからどうするか」をきちんと言える人になりましょう。

ここで大切なことは，「事前に言える子」になることです。先生から言われて，「忘れました」では，残念なことです。

　ある学校で，教師が宿題の点検をしていた時，ある子どもが「やってあるけれど，家に忘れてきました」と事後に言いました。その教師は，それを見逃しませんでした。その子は，これまでも何度も何度も同じことを繰り返していたのですね。
　そこで先生が，「じゃあ，今から先生と一緒に家に取りに行こうね」と言いました。そうしたら，その子は泣きながら，「ごめんなさい。嘘を言いました」と言ったのです。
　その先生は，そのことをすごく注意しました。「あなたは，そんなことでごまかして，すり抜けるようなことをしたら，いつまでも怠け者で，嘘つきな人間になってしまうよ。先生は，それはとても悲しい。だから，あなたが正直に言ってくれることを願っているのです」と言いました。

メッセージ⑤　チャイム着席を心がける学級にしたい。

教師：１時間目の授業が終わったら，２時間目の授業の準備をしてから，休み時間にしましょう。そしてチャイムが鳴ったら，「チャイム着席」をすることを心がけます。その代わり，先生も延長授業をしないことを心がけます。

　学校生活は，チャイムと共に，進行していきます。中学校などで，教室移動などがある場合は，どうしても前時の授業が延長したり体育の着替えで休み時間が終わったりすることが度々あります。そのために授業準備が遅れることがあります。それはなかなか改善できないことですが，普通の授業では，基本的に「延長授業をしない」を学校全体の原則にし

て，移動準備をスムーズに行えるように配慮することが大切です。

　10分の休み時間を遊びタイムにすることには，やや無理があります。今では多くの学校が休み時間を5分にして，その代わり長い休み時間を作り，子どもたちに「遊びタイム」を確保している学校も多くなりました。

> ### メッセージ⑥　係活動や当番活動，班活動に積極的に取り組むみんなになろう。
>
> **教師**：係活動や当番活動，班活動は，学校生活をしていく上で，なくてはならないものです。いやいややっているとほんとうに嫌な仕事になります。みんなで協力してがんばれるか，先生は，みんなの活動を応援しながら，見ています。

　今の学校生活は，一斉登校，一斉下校が定番になっていますから．なかなか係活動や班活動を活発に行うことは無理な面もあります。

　ある小学校では，1週間のうちの清掃活動時間を月曜日，水曜日，金曜日にして，火曜日と木曜日を「遊びタイム」「班活動タイム」「係活動タイム」など，その学級の裁量で，清掃時間を含めた昼休みの時間を有効活用しています。そうでもしないと，なかなか係活動や班活動の時間が生み出せません。時間を生み出すために，学校全体の教師たちの意識，校長先生の裁量などの条件がかかわります。

　いずれにしても，日常的な活動を組み込んだ生活時間の設定を学校全体で考えることによって，子どもたちが落ち着いた，それでいて積極的な活動をすることができる時間を生み出していきたいものです。

　「いじめ」があったら，「やめよう」と言えるだろうか。朝の会，帰りの会で話し合って「いじめ退治」のできる学級をつくりたい。悩みや辛いことがあったら，先生に申し出てくれ。先生はそんな人の力になる。信じてほしい。

教師：誰でも辛いことや苦しいことがあるものです。そんな時は，一人で悩まずにみんなで考えることのできる学級にしたいと先生は強く思います。

　「いじめ」や仲間外れになって困った時は，先生が一番の味方になることを約束します。仕返しが怖いからと我慢しないでほしいです。我慢するとよけいに「いじめ」や仲間外れがひどくなります。

　このことは，先生が一番力を入れて取り組むことですから，みんなで力を合わせてがんばりましょう。

　「いじめ」や仲間外れ，さらには，家庭生活での虐待など，担任教師が決して目を離してはいけないことがあります。大事なことは，担任一人で事態を抱え込まないことです。早めに主任や管理職の先生方に内容を知らせ，支援を受けるべきです。

　担任教師の責任だと考えすぎないことです。

　対応が後手後手に回ると取り返しのつかないことになります。

　学校外部の相談センターや児童相談所などの専門機関にも相談することを躊躇しないことです。とにかく大げさに考えて手を打ち，あとで大したことではなかったと思えるようであれば，とてもよい対応の仕方だと思います。

> **メッセージ⑧**　ゴミを落とさない人になろう。
>
> **教師**：ゴミを拾える人は，先生はほんとうに尊敬するけれど，もっとみんなで考えてほしいのは，「ゴミを落とさない人」になることです。
>
> 　教室や，廊下，トイレ，靴箱もお世話になっているところです。気持ちのよい生活のできる環境をつくると，「気持ちまで清々しくなる」と思います。

その学校や学級が荒れているかどうかは，教室の中が乱雑になっていたり，至る所にゴミが落ちていたりする環境を平気としている担任教師の意識にあります。ゴミを落とさないことを日常的に指導することによって，清潔感のある学習環境を創り上げていきたいものです。

Ⅳ

「見つけ学習」で
「教育実践の日常化」を図る

1 学力観としての「見つけ学習」

⑴ 「教育実践の日常化」をめざす

　日々の授業で「学びの醍醐味」を味わわせたいと思うのは，教師ならば，当然の願いですね。しかし，毎日数時間の授業すべてにおいて，そんなに深く教材研究して，資料や具体物などを用意するゆとりが教師にはありません。

　しかし，年に１回程度の教師の技量の精進として，教材発掘から，単元構想（教材観，児童観，指導観など）を細密に行い，指導案を作成して授業実践をすることには，大きな意義があります。ただ日々の授業で行うには，あまりに非日常的な教育実践と言えましょう。

　私は年１回トコトン深掘りした学びの精進を否定はしませんが，その一方で，「教育実践の日常化」としての授業のやり方を磨いていくことも，きわめて重要なテーマであると考えます。

　「教育実践の日常化」というのは，毎日の授業をすごく無理してがんばって準備するというやり方ではありません。「ちょっとだけ無理してがんばればやれる授業法」のことです。毎日毎日の授業をそんなに無理せずに準備するだけでやれる方法のことを「教育実践の日常化」と私は名付けてみなさんに推奨しています。

　その「教育実践の日常化」を実現する有力な手法が，「見つけ学習」です。この「見つけ学習」を子どもたちに会得させることが，「教育実践の日常化」の鍵となります。

　授業びらきは，子どもたちに「見つけ学習」を会得させる大事な機会です。では，今からその方法を説明しましょう。

⑵ 「見つけ学習」とはどのような手法か

「見つけ学習」とは，格別窮屈な手法があるわけではありません。

たとえば，3 年の国語（東京書籍）の「サーカスのライオン」（川村たかし作）で，少年を助けるために，ライオンのじんざがおりをぶちこわして……の場面を学んでいく時です。

「見つけ学習」は，次のような手順で行います。

---

① 子どもたちに，音読を何度も何度もさせます。
② それぞれの子どもたちが，じんざのやったことについて「心に残ったところを 3 つ」選びます。
③ 選んだことについて，「自分はどう思うか」を書かせます。
④ それぞれが書いたことを教室のみんなで話し合い聴き合います。

じんざのやったことについて「心に残ったところ」は，「じんざはすごいなあ」と思うこととしてもいいですね。

6 年の社会科では，日本の歴史を学びます。

鎌倉時代の「武士のやかた」の絵図を見て，自分がテレビで見ている江戸時代の武士の姿と比べて，違うところ，すごいなと思うところを探していきます。

その時，国語の授業でもやったように，絵図「武士のやかた」から，「櫓がある」「田植えをしている人がいるが，武士なのか？」「弓矢の練習をしている人がいる」「地面に座って，屋敷の中に座っている人に話している人がいる」など，心に残ったところを 3 つ「見つけて」いきます。

そして自分が見つけたことについて，自分はどう思うか書くのです。

「櫓の上にいる人は敵を見張っているのだと思う」

「田植えをしている人は，武士ではないのでは……でも武士かなあ」

「弓矢の練習をしている人はいくさに備えている。いざ鎌倉を考えて練習していると思う」
など，自分の見つけたことについて，「どう思うか」を書きます。

　ここでちょっと留意したいことは，「3つ見つけた『わけ』だけを書くのではない」ということですね。見つけたことに対して，「どう思うか（感想や解釈，理由，比喩，仮定など）」を心に思うままに書くのです。

　そして，そのひとり調べをもとにして，今度は学級のみんなと学び合いをするのです。座席をコの字型にして，「話し合い・聴き合い」をして，考えを吟味していくのです。

　以上，国語と社会科の授業の1コマをもとに，「見つけ学習」の基本的な進め方を記しましたが，お分かりいただけたでしょうか。

(3) 「見つけ学習」は，問題解決学習である

　私は，社会科の歴史の学習をする時に，単に年号を覚えたり，歴史上の人物や事柄を暗記させたりすることだけにはしたくないと思っていました。

　理科の授業で水溶液の実験をする場合も，その様子を見て，それがどういう現象かを覚えていくだけでは，子どもたちが主体的に学んだことにはならないと考えました。

　理科の実験や観察から，子どもたちがそれぞれ「見つけたこと」について，それを「どう思うか」考えることによって，問題解決力がついていくと思うのです。その場合，ただ「見つけたこと」ではなく，「すごいな！」「心に深く残った！」ことに子どもたちが「こだわり」，そのことについて，自分はどう思うかを書くのです。子どもたちが事実認識をして，それについて，解釈したり感想を持ったりすることこそが，「問

題解決力の向上」につながっていくと私は考えました。

　問題解決力というと，なぜか仰々しいのですが，要は「事実にこだわる子ども」になるように仕向けていくことが，初めの一歩なんです。そして，見つけた事実や感想を話し合い，聴き合いながら，「学び合い」ができていきます。この一連の学習が，問題解決力を磨いていくことにつながるのです。

　もう一度，おさらいをします。

---

①　事実を学習対象から見つけます。（まずは３つ「すごいなと思ったこと，心に残ったこと」を見つけます）

②　一番強くこだわった「見つけ」について，自分なりの感想（予想，解釈，理由，比喩（たとえば〜みたいだ，まるで〜のようだ），仮定など）を持ちます。

　──ここまでが「ひとり調べ（ひとり読み，ひとり学び）」です──

③　見つけた事実を出し合いながら，そのことについての感想を話し合い聴き合います。（座席をコの字型にします）

④　その感想を交流する中で，新たな気づきや予想，疑問がさらに生まれていきます。

⑤　みんなが一番こだわった事実について，それを共通問題（本時のがんばりどころ）として位置づけ，その事実をさらに別の資料や実験で確かめたり見つけたりしていきます。

⑥　その授業時間に行った「見つけた事実とそのことについての思い」から，本時の学習を終えてどんなことを思ったか，「学びの感想」を書いていきます。

　問題解決力の育成は，この一連の学習活動が繰り返し行われていくことであったり，スパイラル的に発展していくことであったりするのです。

⑷ 教科の中で一番育てたいのは，「見つける力」

　人間が生きていく上で，もっとも必要な力は何でしょうか。

　それを「見つける力」とするならば，「自分の周りが見える」「いろいろな見方ができる」「雑多な事実の中から，核心に迫る事実や事象を見つけて，生きる方向を探ることができる」「見つけた事実から，自分なりのバランスのよい判断をすることができるようになる」「見つけた事実から，予想を立てて見通したり，解釈を広げたりすることができるようになる」などと意味づけることができるのではないでしょうか。

　人が成長するとは，日常生活において，迷ったり悩んだりする中で，自分なりに生きる道を見つけ，自分なりの判断を下し，的確な生き方を「見つける（模索する）力」を身につけることです。

　とくに中学校では，高校受験を控えて，「学習内容を覚える」ことに主眼が置かれています。いわゆる「学習内容の暗記」です。

　この学習内容を「覚える」「暗記する」ことは，目先の必要に迫られて，やらざるを得ないことかもしれませんが，それだけでは，かなり危うい教育と言わざるを得ません。

　学力の定義に，「学力とは，『学ぼうとする力』『学ぶ力』『学んだ力』の３つから構成されている」という考えがあります。私も概ねこの考えに同意します。

　その場合，「覚える」「暗記する」は，「学んだ力」の仲間そのものではないでしょうか。知識の蓄積になっています。「学ぼうとする力」は，意欲・関心ですね。さらに「学ぶ力」は，「学び方を会得していくこと」ですね。

　この「学ぼうとする力」「学ぶ力」こそが，「見つけようとする力」「見つける力」につながるのではないかと私は考えます。改めて，「見つける力」の育成を「教育実践の日常化」の中で，取り組んでいかなくて

はならないと思う私です。

2 授業びらきで「見つけ学習」を会得させる

ここまで「見つけ学習」の「見つける力」が，どんな学力観に基づいているかを，私なりに意味づけてきました。ここでは，「授業びらき」にあたり，子どもたちに「見つけ学習」をどう会得させていくかを記していきたいと思います。

(1) 予想する導入を大切にする

子どもたちが「学習したい」「学習しなければならない」と思うためには，子どもたちの学習対象への好奇心をあおることが，とても重要になります。

ここに，「すずめのかあさん」（金子みすゞ作）があります。この詩の題名を見て，「これはどんなお話の詩なんだろうか」と教師は問いかけます。

子どもたちは「きっと……おかあさんすずめが，子どもを大事に育てていくお話」「たぶん……子すずめがお腹を空かしているので，おかあさんすずめががんばってえさを運んでくる」「やさしいすずめのかあさんの話」など，題名から自分が想像したこと，予想したことを語ります。

この「予想する」という行為を，まだ詩の中身を見ていない段階ですることによって，「どんな詩だろうか」「早く読みたいなあ」という気持ちを高めます。

それを行った後で，全文（次頁参照）を読みます。

子どもたちは何度も何度も音読します。そして，自分が予想していたすずめのかあさんのお話ではないことに驚きます。この驚きが，詩の中身から，子どもたちが自分の「心に残ったところ」を探す勢いになって

すずめのかあさん

子どもが
子すずめ
つかまえた。

その子の
かあさん
わらってた。

すずめの
かあさん
それみてた。

お屋根で
鳴かずに
それ見てた。

（金子みすゞ童謡集『明るいほうへ』
JULA出版局）

いきます。私はこの詩で，小学1年生から大学生まで実際に授業をしましたが，「予想する」ことで，たいへん深く詩の世界に入り込んでいくことができました。

　中学校2年生で，「イカの解剖」があります。この場合も，解剖する前に，「果たしてイカの内臓はどうなっているのだろうか，予想してみよう」と教師は投げかけます。それで子どもたちは，「人間の内臓の模式図と比べながら，予想します」。この「予想する」が，実際に解剖する時に「より興味深く」「真剣に」イカの内臓の様子をとらえることになります。

⑵　「すごいな！　と思ったところ」「心に残ったところ」を見つける

　詩「すずめのかあさん」を読んで，心に残ったところを子どもたちは，3つ見つけていきます。ベルタイマーで5分の時間を与えられた中で，「どのことばに心を打たれたか」「心にひびき，驚いたことがあることば探し」をします。ある子どもは，「その子の　かあさん　わらってた」に線を引きます。ある子は，「お屋根で　鳴かずに」いるおかあさんすずめの悲しさ，つらさについて，線を引いた後で，感想を書きます。

82

　またある子は，「すずめの　かあさん　それみてた」と「お屋根で　鳴かずに　それ見てた」の「みてた」と「見てた」の違いを見つけて，そこには，どんなすずめのかあさんの思いがあるかを感想で書きます。

　教師は，多くの子どもたちが付け足し発言で，「お屋根で　鳴かずに」としているのは「鳴かないのは，鳴けないのか，つらくて，困っていることなのか」，「鳴く」は「泣く」ではないのかなどと，読みを深めていきます。机間巡視をしながら，教師は，子どもたちが，どこに線や○をつけているか，そして，どんな感想を書いているかを見届けていくのですね。

　イカの解剖の授業では，実際に解剖にとりかかると，子どもたちは，どこが胃でどこが食道なのか，心臓はどこなのかなど，驚きの声をあげながら，解剖していきます。とくに食道の長いのには，感嘆の声があがります。そして，そのことを記録していくのですね。

　4年生の社会科で消防署の見学があります。ある教師はあえて見学と言わずに「消防署のたんけん」と称しました。「見学」が「たんけん」になっただけで，子どもたちの消防署を見つめる目つきが変わってきました。ここで大切なことは，消防署の方に「説明してもらう」ことをしないで，「速く火を消すためにどうなっているか」を予想したことをもとにして，「たんけん」することです。

　・消防自動車にはキイがささっているのは早く出発するためだ！
　・消防の人の着る服が，はいたり，着たりする順番にきちんとかけてある！
　・いつも119番の電話番をしている人がいる！
　・消防署の人が寝る部屋がある！
　・消防車はいつでも出発できるように，前を向いている！
と，たんけん前に予想したことを思いながら，驚いたり，見つけたりし

たことをメモしていきます。それは，子どもたちの「何でも見つけてや
ろう！」という強い興味関心にささえられた「たんけん」になっていっ
たのでした。

⑶　学習対象から，まずは「3つ見つける」。そして感想（ど　　う思うか）を書く

「見つけ学習」で，子どもたちの中には，「たくさん見つける」そして
「それぞれに感想を書く」子どももいます。

　しかし，まずは，それぞれの子どもが学習対象（「すずめのかあさん」
の詩であったり，イカの解剖であったり，消防署のたんけんであった
り）から，「3つ見つけて」，それぞれに対して，「どう思ったか」を書
くようにします。

　この場合，3つでなくてもいいのですが，まずはおおむね3つくらい
が妥当な学習になると思っています。確たる根拠があってそうしている
のではありません。1つだけで留まっている子どもにしないことが大切
ですし，また，「たくさん見つける」ことに突っ走ることにも，やや問題
を感じますので，おおむね「3つ見つける」ことを適当な数としています。

　そして，それぞれに対して「感想を綴る」のですが，この感想は，
「見つけたワケ」だけにしないことです。あくまで「どう思ったか」を
書きます。それは感想ですが単なる感想でもいいのですし，解釈（それ
はこういうように考えられる），理由，比喩（たとえば〜みたいだ，ま
るで〜のようだ），仮定（もし……ならば）のような書き方も賞賛します。

　そして，ここまでの学習が，それぞれの子どもたちが，自分でがんば
って取り組む「ひとり調べ（読み）」です。3つの見つけの中で，一番
強く「すごいな！　と思ったこと」「心に残ったところ」に印をつけて
終えられたら，さらにいい学習ができたということになります。

⑷ 席をコの字型にして，話し合い・聴き合いの学習をする

　ひとり調べ（読み）をした後は，座席をコの字型にして，今まで自分ひとりで学んだことを，「みんなで話し合い・聴き合う学習」をします。

　ある学校では，コの字型になる時に，教師が，「さあ，みんなで聴き合い隊形になって学びましょう」と，あえて「聴き合い」を強く意識させて臨んでいる光景を見ました。その授業は，子どもたちが発言することもさることながら，「聴く姿勢」が実に見事に「アイコンタクト」になっており，「話し手のほうを向いて聴いている」のでした。

　ある学級では，どうせ話し合い・聴き合いをするのだから，ということで，最初からコの字型隊形になっている教室もありました。しかし，やはり「今からはみんなで聴き合い学ぶ」ことを強く意識させるためには，ひとり調べ（読み）の時は，前向きで，話し合い・聴き合いの時はコの字型になることによって，「子どもたちの学びに立ち向かう意識づけ」をしっかり行うことができると考えます。

　この「話し合い・聴き合い」の学習になった時，次のようなことを注意して授業を進めたいと考えます。

- ・黙って挙手する
- ・「私は誰々さんに付け足して」「私は誰々さんとはちょっと違って」
- ・「前に戻るんですけれど」「話を変えるんですけど」「教科書の何ページを見てください」
- ・「私も誰々さんと同じところにこだわりたいのですけれど」

などの話し合いのルールや話法をダイナミックに活用して，「みんなでの学習」意識が高まるようにしていきます。

⑸ 「ここが今日の授業のがんばりどころ」を見つけて深める

　みんなで「話し合い・聴き合い」学習をしていく中で，詩「すずめのかあさん」の授業で言えば，
- ・「鳴かずに」は，みんなが一番こだわったところだけれど，すずめのかあさんは，「どんなことを思っていたのか」ここを今日のがんばりどころとして考えてみよう。
- ・金子みすゞさんは，この詩では，「何をみんなに伝えたかったのか」をがんばりどころとして考えてみよう。
- ・すずめのかあさんが「それみてた」と，あとのほうは「それ見てた」で漢字になっているけれど，その違いは何かを考えてみよう。

など，いくつかの子どもたちの思いを語る中で，どこに焦点を与えて，「今日のがんばりどころ」をみんなで学習するかを決めていきます。ここは，教師の出場でもあります。

　大勢の子どもたちがこだわったところにしてもいいですし，少ない子どものかかわったところであっても，教師が，「ここぞ！」と思うところを焦点化して，「がんばりどころ」を決めてもいいと考えます。

　それは，授業の中身が，子どもたちの「ひとり調べ（読み）の発表会」で終わるのではなく，「みんなで吟味していく」ことを期待しての教師の出です。

　そして，改めて考えるのですから，少し時間をとって（3〜5分くらい）それぞれの子どもが自分の考えをノートに書くなどして，話し合い・聴き合いをします。

　ここが，この授業のいわゆる「山場」ということになります。それはたとえ結論に到達しなくても，「みんなでこだわったところを吟味した」ことに大きな意義があります。

⑹ 「見つけ学習」は，どの教科でも同じように行うことができる

　これまで記してきたことは，どの教科でも同じように行うことができるということです。

　体育の授業で，マット運動をする場合でも，バスケットボールの練習をする場合でも，「誰々さんの後転のすごいところ見つけ」「Aチームの上手なやり方見つけ」など。

　音楽の合唱や器楽合奏などでも，「どのパートがきちんと歌っていた」「太鼓の音がやや目立ち過ぎて，もう少し抑えた方がいい」など。

　どの教科でも「見つけ学習法」を取り入れることによって，子どもたちの「問題発見力」「問題解決力」が，ついてくるのです。

　このように「学びの方法」を単純化して，みんなで，どんな教科でもどんな単元でも行うことができることによって，落ち着いた授業実践を日常的に行うことができるのですね。ぜひとも取り組んでほしいと願っています。

　そこで，ここでは，見つけ学習のノウハウを単純化して，紹介しておきたいと思います。

---

① 　見つけ学習の多彩さ

　・すごさ見つけ……すごく強い，すごく悲しい，すごく速い

　・心に残ったところ見つけ……本や資料を閉じても，心に深く残っているところ

　・ちがい見つけ……比べる，ちがい探し，同じところ見つけ

② 　見つけ学習の活用どころ

・すごさ見つけ……国語の説明文，社会科や理科の資料・実験，体育の競技（ワザ）や美術の鑑賞，算数・数学の文章題
・心に残ったところ見つけ……国語の物語文，道徳の資料文，社会科・理科の資料や本文，美術・音楽の鑑賞
・ちがい見つけ……（比較・関連）２つの資料や本文のちがいや同じところ
③　見つけ学習のポイント
・この場面で一番すごいな（心に残ったところ）を３つ見つけよう！
・見つけたところに印（サイドラインを引く，○で囲む，比べて印）をつける
・一番すごいな（心に残ったところ）には，二重丸，二重線に
　※線を引く時に，定規を使わないこと
④　見つけたこと（ところ）について，どう思ったかを書く
・感想（どう思うか）
・理由（見つけたワケ）
・比喩（たとえばで言うけれど）
・仮定（もし何々だったら）
など，多彩な書き方で，「どう思ったか」を書く

　「教育実践の日常化」ということで，「見つけ学習」を提唱して記述してきました。

　「授業びらき」に，この「見つけ学習」という授業法を，子どもたちに意識づけていくことによって，「子どもたちが学習の仕方」を身につけていくのではないかと思っています。

V

学級びらき・授業びらきに
心したいこと

1 えこひいきをしない担任教師になる

⑴ 子どもたちがもっとも嫌う「えこひいき」

　子どもたちが学校生活を送るうえで，一番敏感になるのは，「先生によるえこひいき」です。これは，どんなにすごい資質の持ち主である教師であったとしても，子どもたちがもっとも嫌う問題です。

　子どもたちの中には，担任教師が何も言わなくても，担任教師のお手伝いをしたり，ご機嫌をとったりする子どもがいます。そんな子どもは，担任教師も何かと心にかけて，親しく可愛がる傾向にあります。
　しかし，そんな光景を黙って遠くから見ている子どもたちの目線を担任教師は忘れてはいけません。
　「この先生は，あの子ばかりを可愛がる」「誰々さんに対しては優しい」「同じことをしても，誰々さんには怒らないけれど，私たちがすると怒る」など，子どもたちの目線は厳しいのです。

　私も小学校時代に，担任教師に差別的な扱いを受けたことを今でも鮮明に覚えています。担任教師はそれほど意識的にしたことではないかもしれません。しかし，私にとっては，とても心の傷つく言動であり，悲しい気持ちになりました。そして，その先生を尊敬する気持ちどころか，憎むような感情さえ湧いてきたことを思い出すのです。今になっても，その先生を尊敬する気持ちになれないのは，それほど「えこひいき」が，私の心を深く傷つけているからです。

　私は自分が教師になった時，一番心したことは，決してえこひいきを

しない教師になるということでした。それでも「前田先生は，○○さんには優しいよね」と皮肉たっぷりに言われたことがあって，ハッとしたことがありました。

　子どもから，一度「あの先生はえこひいきをすごくするよ」という噂がたつと，子どもたちの間に瞬く間に広がっていきます。その先生がどんなにいい授業をしたり，子どもたちのために献身的にがんばったりしても，子どもたちが一度張ったレッテルはなかなか剥がせないものであると私は痛感してきました。「えこひいき」は，誠実さと真逆の言動として，子どもたちはその教師を感情的に毛嫌いするようになります。

(2)　学級名簿を活用して，教師の姿勢を正す営為

　M先生は，30代に入ったばかりの教師です。彼は，部活動を終えて，教室に戻ると必ずすることがありました。それは，子どもたちの学級名簿に，あることをチェックすることでした。

　そのチェックは，

---

① 　今日一日でほめた子どもには○，叱った子どもには×。
② 　顔を見て話したり聴いたりした子どもには△。
③ 　何もしなかった子どもは空欄。

というたったこれだけのことを，毎日毎日夕刻の教室で行うのでした。

　そして，M先生は，「この空欄の子どもには申し訳なかった。明日は必ずこの子らに声かけをしたり，話を聴いたりしよう」と決意するのです。

　このM先生の取り組みをみなさんはどのように思われるでしょうか。それは「えこひいきをしない」ことから，始まったことではありません。

　「とにかく自分は，子どもたちをほんとうにしっかり指導していく資質に欠けている。」

「せめて見落とされて寂しい思いをしている子だけは，いないようにしたい。」

「明日は，今日話をしたり聴いたりできなかった子どもに，一番意識して声かけをしていこう。」

と自戒の心を持って，日々取り組んでいるのでした。

そのM先生の取り組みは，子どもたちにも敏感に伝わっていましたし，保護者の方々にも，M先生の誠実な人柄と相まって，「ほんとうに子どものことをよく見ていてくださる」という感謝の声として，校長先生の耳にも入るほどでした。

子どもたちの中には，宿題を忘れてばかりいる子，身だしなみが整わず不潔感のある子，おとなしくていつも教室の隅っこで過ごしている子などなど，ほんとうに様々な子どもがいます。

よく気が利いて如才ない子ども，発言も活発でリーダーシップのある子などとは，比べものにならないほど，日陰暮らしをしている子どももいます。

そんなことを思うと，私はM先生のような取り組みを自分に意識化していかないと，ほんとうに子どもたちを差別的に扱ったり，えこひいきをしたりする教師になってしまうと思います。M先生の取り組みに心して学びたいと思います。

2　前年度までの記録を見直す

⑴　一人ひとりの子どもを知る

新しく担任になった教師は，まずは担任することになった子どもたちが，前年度まででどういう状態にいたのかを知る必要があります。それは

指導要録を見たり，家庭環境表を調べたりすることです。

　もっとも担任教師の中には，「新しく担任する子どものことを先入観で見ないためにも，前年度までの記録は見ないで，真っ新の気持ちで，子どもと向き合いたい」という人もいます。

　それもまた一理あることだと思いますが，私は基本的には，その子の成績や性格，家庭環境などを把握して，その子への対応を誤らないようにしてきました。

　前年度までの記録を読んで対応するとは，「落ち着きのない子ども」という記録を鵜呑みにすることではありません。どんな時に落ち着きがないのかを把握しておくことは，対応に齟齬が起きないようにするためです。

　別の見方をするならば，「算数の成績が極端に低い」などと記録されている場合，「ようし，この子が，少しでも算数が好きになるように気にかけていこう」と決断できます。

　とくに最近では，家庭環境に配慮を怠らないようにするために，あらかじめ家庭環境表は，しっかりチェックする必要があります。

　ただ，現在の傾向として，指導要録も開示請求が可能になったことも踏まえて，あまり細密に事実をありのままに記述することを控える傾向にありますから，前年度までの記録を鵜呑みにしないことも肝要なことです。

⑵　問題児をどう把握するか

　新しく担任する学級は，いろんな条件を考えて，前年度の担任たちによって，どの学級もバランスのよい編成になるように学級編成されます。リーダー的な子どももいれば，スポーツ万能，ピアノの上手な子どももいます。

　そして，必ず「問題児」と呼ばれる子どもがいるのです。それも一人

だけではなく，数名いる場合もあります。問題児の人間関係を切り崩すために，学級編成で離ればなれにしていくことが普通です。

　大切なことは，問題児と呼ばれる子どもの担任になったら，色眼鏡で，その子どもを見ないことです。喧嘩っ早い子ども，暴言を吐く子ども，落ち着いて座っていることのできない子どもなどなど，様々な傾向を持っている子どもがいます。ここは担任の大事な「演じ方」になります。

　私は，「問題児は核になる要素を持っている子どもだ」と意識して偏見の目で見ないように努めてきました。

　多くの問題児と言われる子どもは，エネルギッシュで他の子どもへの大きな影響力を持っています。それだけに対応の仕方を一つ誤ると，学級崩壊につながりかねません。

　何度も言うようですが，一番大事なことは，「偏見の目で見ない・扱わない」ことです。「今度の先生は，オレを差別しない」「すぐにオレを叱ることをしない」など，「今までの担任の先生とは違う」という印象を植え付けることです。

　問題が生じる理由は，家庭環境，友人関係，学習の遅れ，担任教師との人間関係，病的な障害の問題など，多岐にわたります。とにかく担任になったら，落ち着いて対応することです。そしてできるだけ「声かけ」「聴く耳」を持って，その子とかかわることです。

　突出した異常な行動をしても，あわてて叱ったり抑え込んだりしないことです。むしろ，問題児といわれる子の言動は，「どういう傾向を持っているか」じっくり落ち着いて見守りましょう。

　すぐに叱れば，「ああ，この先生もオレを差別している」「前の先生と同じようにオレは嫌われている」と決めつけて，余計に異常な言動をするようになります。

　今までの学年でも，そんな言動を乱暴に出していたのですから，とに

かく「慌てない」「焦らない」「いらだたない」ことです。

　むしろ彼（彼女）の言動を前向きに生かす道を無理やりでも探そうとする担任教師でありたいものです。

　「先生は，あなたを差別していないよ。でも悪いことを平気で行なったら，先生はあなたを強く叱るだろう。それが先生のあなたへの愛だから」「先生は，君の……のようなところが大好きだな」と演じるべきです。

　教師としては我慢のしどころでもあります。命に関わるような言動や弱者の子どもを傷つける言動には，けじめある指導をしても，大きく包み込むような教師の姿勢を崩さないことです。

3　教師も子どもも「歯を食いしばり涙をこらえてがんばる」ことで成長する

⑴　学級は問題が起きて「当たり前」

　学級びらき・授業びらきを丹念に行っても，あるいは問題児と言われる子どもがいなくても，学級経営をしていく中では，様々な問題が起きます。それは「子どもたちは生きている存在」であり，大人の教師の「思うようになる存在ではない」ということです。

　そして大切なことは，そういう学級を揺るがす問題が「教師だけではなく，子どもたちにとっても，人間的な成長を促す試練になる」ということです。そう考えてほしいのですね。

　ある小学５年生の学級で，仲間外れにされた子どもが学校に来られなくなりました。３人の女の子の仲間関係が崩れたのです。教師はすぐに家庭訪問をして，保護者とも面談して対応にあたりました。

その子の母親は大変理解のある温厚な人柄で，担任や仲間外れにした子どもたちを非難することはしませんでした。むしろ自分の子どものわがままさを心配していました。それだけに担任としては，余計に母親に対して「申し訳ない気持ち」でいっぱいになりました。

　担任は，学級で，この問題をみんなで解決しない限り，「賢い人間にはなれない」ことを子どもたちに伝え，話し合いました。初めのうちは，仲間外れにした2人の女の子を責める動きが生まれ，その2人の女の子も泣き出してしまったのです。

　そこで担任は，「2人を責めて話し合って解決したことになるのか！」と学級のみんなに投げ返したのです。子どもたちも，自分もかつて仲間外れにしたことがあること，仲間外れにされたことがあることを語り合い，「誰が悪いのではない，どうしても自分たちは自分中心に考えてしまうから，こういうことが起きるんだ」と，長い長い話し合い・聴き合いの中で，つかみとっていったのでした。

　そして，そのことを伝えるため休んでいる子にみんなは手紙を書きました。

　学級は大勢の子どもが一緒に生活していくところです。いくら「学級びらき・授業びらき」をていねいにやっても，問題が起きないわけはないのです。逆に言えば，問題はその深刻度にもよりますが，担任教師や子どもたちを人間的に成長させてくれる試練でもあるのですね。

　どこまで担任一人で対応できるかは微妙ですが，とにかく記録化していくことと，学年主任や上司に事の中身を相談したり報告したりすることを，おろそかにしてはならないと思います。

⑵　事件や事故が起きて当たり前なのか？

　担任教師は，低学年でも高学年でも，あるいは中学校であっても，自

分の学級で起きる事件や事故，あるいは問題にうろたえがちになります。しかし，「学級で起きる様々な問題は，子どもたちの成長への大きな学びの場だ」と，考えることによって，少し落ち着いて事態に対処できるようになります。何も起こらない安穏とした日々など，ありません。それを常に前提にして，担任教師は，学級とかかわっていかなくてはなりません。

　私は，自分が担任生活していた頃，自分の事務机の上に「悪戦苦闘に学ぶ」を座右の銘として，貼っておきました。「いいことばかりが起きるのが学級ではない。困ったこと，危ないこともあるのだ。それを自分なりに誠実に対応してこそ，少しだけ担任教師の役割を果たしたことになる」と誓って，事に当たっていきました。

　５年生を担任していたある日，体育の授業でサッカーの試合をやっていました。子どもたちは夢中でほんとうに熾烈な戦いを繰り広げていました。その授業が終わって，教室に戻った時，子どもたちが大騒ぎしていました。

　「先生，安藤君がおかしいですよ」「安藤君が自分の名札をとってしまって捨てている」「ぼくは誰だか分らんと言っていて，……」私はすぐに安藤君の傍に行ったのですが，「先生，誰ですか」というのです。私もびっくりしました。そういえば，先ほどサッカーをしていた時，安藤君はサッカーのゴールネットに突っ込んで起き上がれない状態で，しばらく座っていたことを思い出しました。

　私は彼をすぐに保健室に連れていき，養護教諭の高木先生に見てもらいました。「前田先生，これは脳震盪（のうしんとう）を起こしているのかもしれませんよ。すぐに病院へ行きましょう」ということになりました。家庭にもすぐに連絡を取り，母親に病院へ直行してもらうことにしました。

　彼は病院でレントゲンを撮ってもらったり，診察してもらったりしま

したが，はっきりしたことはわかりませんでした。夕刻になっても意識が戻らないような状態になって，とても私は不安になりました。教頭先生も駆けつけてくださって，見守ってくださいます。

　母親は「きっとサッカーゴールのどこかでぶって一時的に起きたことですから，お引き取りください」と明るく言ってくださいましたが，私はそんなことはできません。その日は，夜中私も付き添いました。「意識が戻らなかったら，どうしようか」と，焦るような不安感が襲ってきます。

　彼は夜になって，眠りに入りました。私は病室の廊下で過ごしました。母親に「先生，帰ってくださって結構ですから」と言われても，引き取るわけにはいきません。とうとう朝になりました。その時です。彼が起きて，「あれ，何でぼくは病院にいるの？」と言うではありませんか。意識が戻ったのです。私は「よかったあ，ほんとうによかった！」と彼を抱きしめました。

　子どもが怪我をしたり，交通事故に遭ったり，いろんなことが思い出されます。子どもたちは生きているのです。何が起きるかわかりません。担任としてやれることは誠意を持って対応するしかないのです。十分注意していても事故や事件は起きます。それは大勢の子どもを預かる身では，覚悟をしなくてはいけないことなのです。

　そんな日々を思い出すたびに，安易な気持ちで担任の仕事はできないと思うばかりでした。

4　保護者対応を考える

⑴　難しくなってきた保護者対応

　現在の担任教師の大きなストレスになることに，保護者対応があります。10数年前と比較して，保護者への対応は格段に困難な状況になっています。

　それには，いろいろな要因が重なっているのですが，まず言えることは，「保護者が子育てにどう向き合っているか」が，見えにくくなっていることです。核家族であることや複雑な家庭環境であることなども含めて，子どもがどんな環境の中で育てられているかが見えにくくなってきています。

　学校生活の中で，子どもが授業中立ち歩く，奇声を発する，暴力をすぐに奮う，などを行った時に，担任は困惑します。

　そんな場合，担任は「一人で問題児を抱え込まないこと」です。焦らないことです。まずは，養護教諭や学年主任，上司の先生方に報告して，指導を仰ぐことです。

　担任がそんな子どもたちの異常な言動に「自分に学級経営をする力量がないからだ」と自分を責めて，「何とか解決しよう」と自分で動きすぎると墓穴を掘ります。子どもは担任教師だけで育てる時代ではありません。

　とくに大切なことは，保護者に対して，「あなたのお子さんのことで，大変困っています」という言い方をしないことです。「困っている」という言い方が，保護者にはカチンときてしまいます。

　もし言うならば，「私は，あなたのお子さんが……のような言動をす

るので心配しているのです」と言いましょう。「心配している」という言い方が，大事なことです。そして，「お父さん，お母さん，力を貸してください」とお願いしていくことです。

　この動きの中で大切なことは，「担任一人で」動き過ぎないことです。必ず家庭訪問をする時も含めて，上司の先生と同伴で動くべきです。

　最近では，一つの家庭，一人の子どもだけの問題ではなく，子ども同士の関係が崩れたり困難な状況になったりして，いくつかの家庭を巻き込んで複雑な糸の絡み合いのような状況になる場合も多々あります。そんな時には，必ず担任は複数の上司の指導を仰ぎながら，一緒に問題の解決に動いてもらいましょう。

(2)　専門機関の援助を受ける

　「学級で子どもが荒れる」のは，担任教師の指導の未熟さよりも，その子どもの生育歴や家庭の中での育ち方に問題がある場合が，ほとんどです。明らかにヒステリックな母親であったり，すぐに暴力を奮う父親であったりして，その子自身の「自己実現」がなされていないのですね。

　そんな場合は，上司の先生方に対応をゆだねてください。とくに若い教師の場合，保護者はカッとなって興奮状態になり，収拾がつかなくなります。そのために，学校には上司がいるのです。校長先生を初め，みなさんに事の次第を丁寧に話して，援助を求めます。それは何も恥ずかしいことではありません。

　中には，保護者が子どもを虐待している場合もあります。それは学校だけの対応を超えています。措置権のある専門機関であったり，子ども発達センターのような子どもの成育歴を踏まえた相談センターの援助を受けながら対応するしかありません。

　「そんなことをすること（専門機関の援助を受けること）は，過剰反応だ」と上司の中には，判断する教師もいます。しかし，後から後悔するよりも，先手必勝で動くべきです。

　私も校長職にいた頃，そんな状況に何度も出会いました。興奮状態の保護者対応は，担任教師では無理です。私も腹をくくって，保護者と向き合いました。その場合，「お父さん，お母さんの辛い気持ちもよくわかります。どうか学校と一緒になって，あの子の幸せな育ちのためにがんばりましょう」と何度対応したことでしょうか。

　それでも保護者の暴言や興奮でその場の空気が荒れた状態になって，私（校長）も体を張って対応したことが度々ありました。

　その頃と今では，ずいぶん時間が隔たっています。それだけに状況の深刻さ複雑さは増し，対応は困難を極めるでしょう。それでも「分かり合える」よう専門機関にゆだねながら，事態の改善を願い，努力するしかありません。必ず「分かり合える」という信念を持って対応していきましょう。

「焦るな，はやるな，いらだつな」

　子どもたちから，信頼される教師になることは，それほど簡単なことではありません。毎年，新しい年度を迎えて，「今年こそは」と覚悟を決めてスタートするのですが，また同じような轍<ruby>を踏んでしまいます。なんと情けないことでしょうか。

　私は，もともと短気な性格でしたので，自分の担任教師としての弱点は，「我慢しきれないで怒ってしまう」ことにありました。それは自分としては重々わかっているつもりでも，何度も同じことを繰り返すのですね。

　そんなことで，私がたどり着いたのは，「新年度だけが学級びらき・授業びらきではない」ということでした。もっと言うならば，そう考えるようにしたのです。子どもたちにも，「学級びらき・授業びらきは，9月にも1月にもあります。いや，毎月の初めも学級びらき・授業びらきのスタートです」と宣言しました。

　私が私を戒めるためにそうしたのです。

　毎月の初めも新しい気持ちに心を入れ替えて取り組むことを，子どもたちに宣言するのですね。そのことによって，子どもたちの中にも，救われる気持ちになる子どもがいるのです。どうしても叱られることの多い子は，決まってしまいます。「継続は力なり」と言いますが，それが実に難しいことなんです。それは子どもだけではなく，担任教師も同じです。

　ある年に，9月の1日目に子どもたちが登校してくる教室を自分のアイデアで，すべて模様替えをしたこともありました。子どもたちは「あれえ，教室が変わってしまったみたい」と驚きを隠せない表情で，入ってきます。

　「何で，こんな教室にしたのか，わかるかな」と呼びかけて，「みんなが新しい気持ちで，今日からスタートするガンバリの日にするために，先生も新しい気持ちでがんばりたいと思って，こんな教室にしました」と伝えました。

　本文中にも書きましたが，私の座右の銘は，「悪戦苦闘」です。根気強くがんばってもうまくいかないことばかり。何度落ち込んで，何度自分の愚かさを憂いたことかと恥じるばかりです。

　それでも，「子どもは生きている，思うようにならない存在だ」と短慮な自分に言い聴かせ，「悪戦苦闘，悪戦苦闘……」とつぶやきながら，教室に向かったのでした。

　そんな時，ある先輩が，「前田君，焦っても始まらんよ。落ち着け，落ち着け！」と私の日頃の振る舞いを見かねて諭してくれたこともありました。私はよほど，余裕がなく，いらだったり，ブツブツ言ったりしていたのですね。それは，中学校から小学校に転任して，わずか10歳の子どもに振り回されている私の姿に，忠告とも励ましとも言えることばでした。

　それからの私には，「悪戦苦闘」の座右の銘の他に，「焦るな，はやるな，いらだつな」が追加されました。いくら学級びらき・授業びらきで学習規律，学びの方法を子どもたちと共有し合っても，子どもたちが素直にやってくれないからと言って，怒りが爆発するようでは笑い者です。自分で自分のやっていることに呆れてしまうことでした。

若気の至りだけでは許されない言動をする，浅はかな自分であったのです。怒りに火が付き，あわててトイレに何度駆け込んだことでしょうか。

　30 代になって，やっと少しずつ落ち着いて学級に正対するようになってきました。
　そんな若い頃のことを思いながら，この冊子をまとめたことです。
　みなさまがたのお役に立てれば幸いです。

　　　コロナウイルスと災害の多発する日々を憂いながら記す　　前田勝洋

著者紹介

前田勝洋

　豊田市内に校長として勤務し，2003 年退職。求められて小中学校現場を『学校行脚』して，教師たちと苦楽を共にしている。

　著書に，『子どもと教師が育つ教室』『校長になられたあなたへの手紙』『「教師」 新たな自分との出会い』『校長を演じる　校長に徹する』『授業する力をきたえる』『学級づくりの力をきたえる』『教師の実践する力をきたえる』『教師のリーダーシップ力をきたえる』『教育に「希望」をつむぐ教師たち』『カンタンでグッとくる「見つけ学習」のすごさ』『みんなで，授業というバスに乗ろう！』『教師であるあなたにおくることば』『授業力をきわめる知恵とワザ』『「聴く力」をみがきキャッチングに卓越した教師になる』他，多数。

ホットでほっとな学級（がっきゅう）びらき・授業（じゅぎょう）びらき

2020 年 11 月 10 日　初版発行

著　　者	前　田　勝　洋（まえ　だ　かつ　ひろ）	
発 行 者	武　馬　久仁裕	
印　　刷	株式会社　太洋社	
製　　本	株式会社　太洋社	

発　行　所　　　　　株式会社　黎　明　書　房（れい　めい　しょ　ぼう）

〒460-0002　名古屋市中区丸の内 3-6-27　EBS ビル　☎ 052-962-3045
FAX 052-951-9065　　振替・00880-1-59001
〒101-0047　東京連絡所・千代田区内神田 1-4-9　松苗ビル 4 階
☎ 03-3268-3470

「聴く力」をみがき
キャッチングに卓越した教師になる

前田勝洋著　Ａ５判・92頁　1600円

子どもを育む知恵と
ワザをあなたに

「聴く力」という教育的行為を軸に，教師の力量向上を実現する「知恵とワザ」を，具体的場面に即して詳しく語った学級担任必読の書。

前田勝洋著　Ａ５判・164頁　2000円

授業力をきわめる知恵とワザ

優れた教師は，一体どこが優れているのか。優れた教師がきわめた授業づくりの知恵とワザを余すところなく伝える。カラー口絵２頁。

前田勝洋著　Ａ５判・143頁　1700円

教師であるあなたにおくることば

「実践する知恵とワザ」
をみがく

今目の前にいる子どもたちを真摯に育てる「知恵あるワザ」のエッセンスを収録。日々悪戦苦闘する教師を癒し，励ます感動のことばの「くすり」です。

前田勝洋著　Ａ５判・125頁　1800円

みんなで，授業というバスに乗ろう！

授業力を磨く知恵
とワザをあなたに

子どもの授業への参加度を高める知恵とワザ，だれでもすぐ実践できる「見つけ学習」の知恵とワザ等を紹介。

前田勝洋著　Ａ５判・125頁　1800円

カンタンでグッとくる「見つけ学習」のすごさ

授業が変わる13の
ステップと20のワザ

シンプルで誰でも実践でき，子どもが生まれ変わったように生き生きと授業に取り組むようになる魔法の学習法を紹介。

前田勝洋著　Ａ５判・157頁　2000円

教育に「希望」をつむぐ教師たち

「感動ありがとう」教師
の知恵と自覚に学ぶ

現状を真摯に受け止め，真剣に教育の仕事に汗を流す教師，難しい世代の子どもたちを懸命に育てる教師等の実践を紹介。

前田勝洋著　Ａ５判・160頁　2000円

教師の実践する力をきたえる

「顔つきとことば」の
仕掛けとワザをみがく

教師・校長として経験豊富な著者が，教師の信念や情熱を子どもや保護者に伝えるための「顔つきとことば」のきたえ方を伝授。

表示価格は本体価格です。別途消費税がかかります。

■ホームページでは，新刊案内など，小社刊行物の詳細な情報を提供しております。「総合目録」もダウンロードできます。http://www.reimei-shobo.com/